NOTRE-DAME DE PARIS

Cathédrale éternelle

永恒的巴黎圣母院

一座哥特式大教堂的诞生

[法] 克劳德 · 戈瓦尔 著 [法] 若埃尔 · 莱泰 摄影
刘雅宁 译

华中科技大学出版社
http://www.hustp.com
中国 · 武汉
有书至美
BOOK & BEAUTY

巴黎圣母院已经年老，
也许她可以将巴黎埋葬，
在那里她见过曙光。
但是千年后，这座庞然大物也会轰然倾倒，
就像凶猛的狼啃食着一头老牛，
扭断她的钢筋，啃咬她的铁骨。

人们将从四面八方赶来，
看看这座破败的废墟。
他们会重新阅读雨果的书——
认为自己看到了这座古老的教堂。
那时，她会变得强大且壮丽，
高大的身影在他们面前升起！

内瓦尔（Gérard de Nerval）

《巴黎圣母院》（*Notre-Dame de Paris*），选自《颂诗》（*Les Odelettes*），1835年

前　言

这不是一本关于艺术史的书，没有从建筑和雕像的复杂性来探讨巴黎圣母院的建造；没有详细说明建造技术的飞跃，尽管其建造极具创新；也没有详述在19世纪的大胆重建，既不表示赞扬，也未指出可能出现的错误。

虽然以上内容都有所提及，但是本书主要讲的是中世纪时期巴黎圣母院的故事。我们该怎样重新探索今天的大教堂呢？现在，世界各地的人前来参观这座中世纪建筑。主教和教士，住在周围宫殿里的王室，还有生活在巴黎圣母院尖塔影子下的巴黎人，都经常光顾这里。巴黎圣母院是一座活的建筑，在曲折动荡的历史发展中不断变化。它在文艺复兴阶段受到忽视，在巴洛克时期被改造，在大革命时期遭到严重破坏，又被浪漫主义者理想化，因此，其中世纪色彩在历史演进中逐渐消失。让我们离开当下，回到过去，共同揭开这层神秘的面纱，试着重新探索1163年巴黎大主教莫里斯·德·苏利（Maurice de Sully）以新式风格始建的巴黎圣母院。

想要完全理解巴黎圣母院的复杂性，仅关注这座建筑还远远不够，因为它是在12世纪末建造的。在之后的时间里，直到15世纪末，它在城市中的地位当然有所变化。

然而，纵览古今，巴黎圣母院的建筑风格仍然保持着非同一般的和谐与统一。从本书摄影师若埃尔·莱泰（Joël Laiter）所拍摄的照片中可以看出，它依然散发着光芒四射的美——中世纪许多不知姓名的建筑师和雕刻师虔诚地为上帝服务，19世纪，建筑师维奥莱-勒-杜克（Viollet-le-Duc）尝试着强化这种美。此外，它还保留着一个精神圣地，这里的每一块石头都传达着理想的意义，还伴随着最粗俗的幽默，提醒着中世纪的人们，他们生活在短暂的欢乐和渴望永恒之间。

对页图
1856年左右，主持巴黎圣母院修复的建筑师维奥莱-勒-杜克站在连接圣母院西侧和北塔楼的上栏杆处。

第 2—3 页图

从塞纳河左岸看到的巴黎圣母院全景。

第 4—7 页图

光线昏暗的中殿营造出一种冥思的氛围。

第 8—9 页图

亚当的诱惑，取自圣纪尧姆（St Guillaume，法国东南部伊泽尔省的一个乡社）一间教堂里的一扇 13 世纪的窗户。

第 10 页图

在中殿南面的拐角处，一尊青年和老年的石像仿佛互相呼应，表明巴黎圣母院在基督徒之间建立了一种由博爱维系的纽带，在中世纪人看来，这种爱应支持着他们做善事和寻求救赎。

第 11 页图

十二使徒和四位福音传教士（其中，圣路加被雕刻成一只长着翅膀的公牛）围绕着尖塔底部，看守着大教堂。这些铜像是由雕刻师兼金匠阿道夫·若弗鲁瓦 - 德肖姆（Adolphe Geoffroy-Dechaume）在 1860 年雕刻的。

第 12 页图

圣斯德望门上的一只奇兽。（圣斯德望，即 St Étienne，是 St Stephen 的法语称谓，基督新教中译为圣司提反）。

第 16—17 页图

维奥莱 - 勒 - 杜克画的滴水兽。

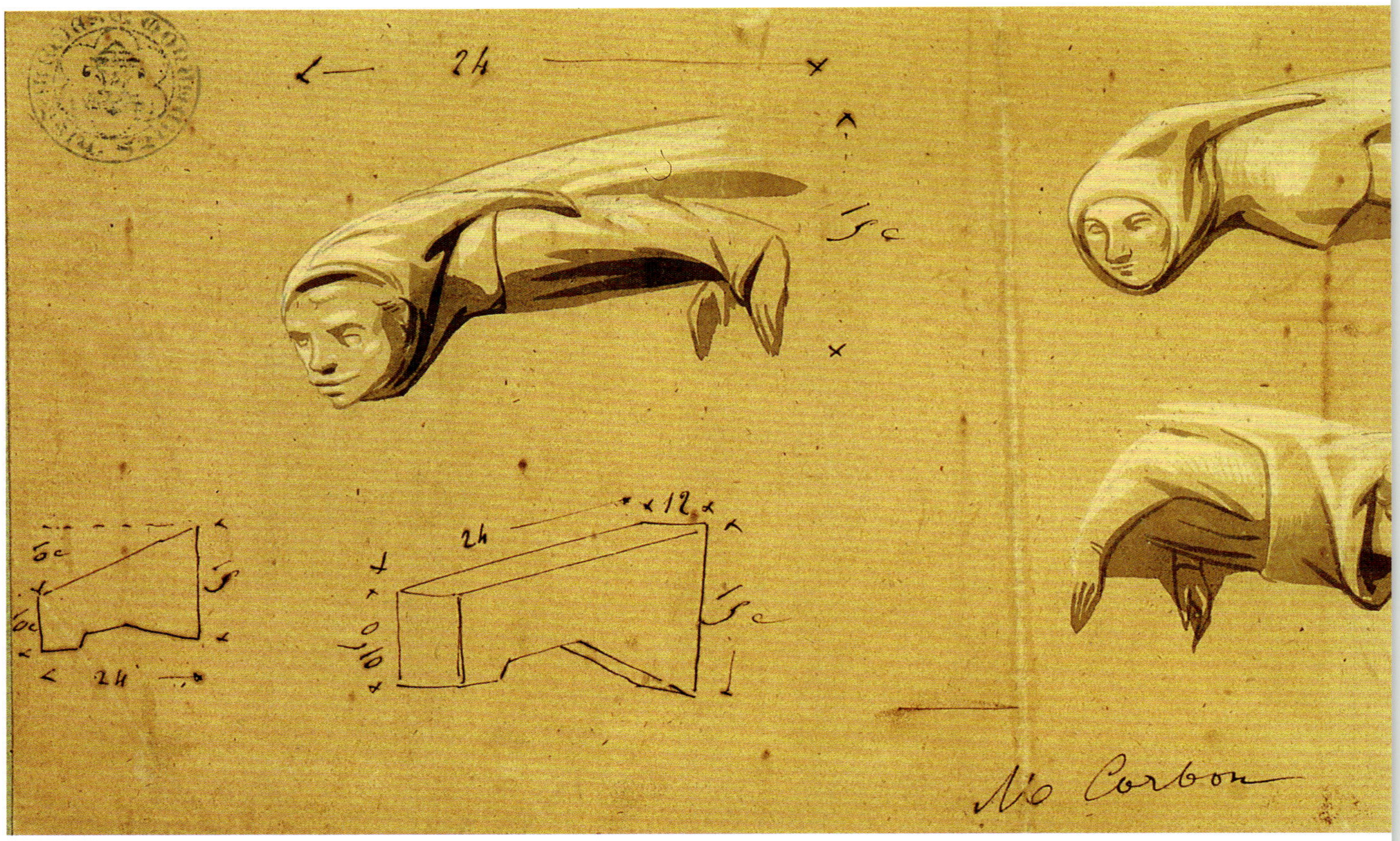

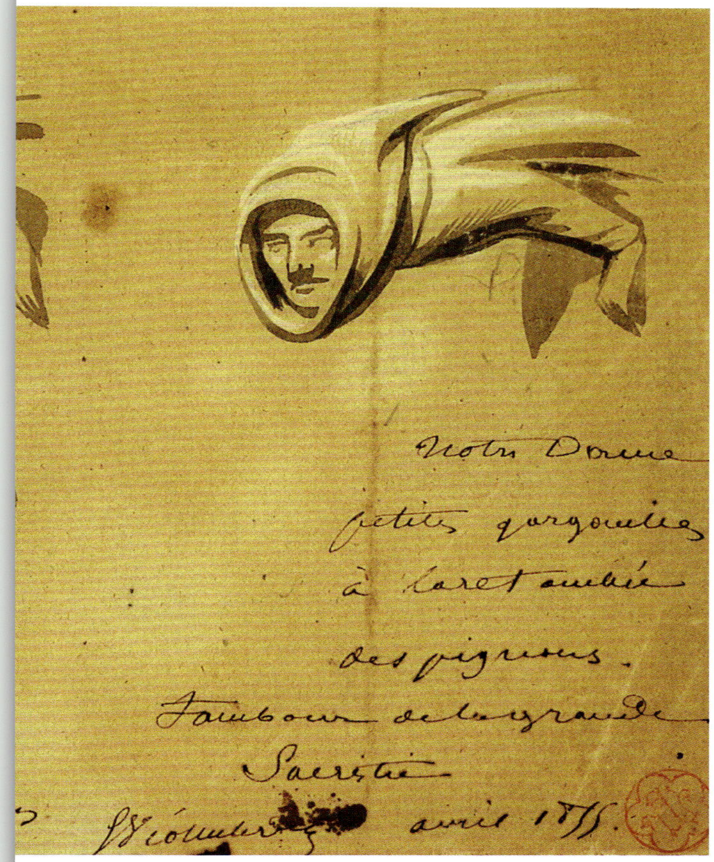

目　录

18　寻找中世纪的巴黎圣母院

52　巴黎圣母院的诞生

94　圣母崇拜

130　巴黎圣母院与教士

162　巴黎圣母院与信徒

202　巴黎圣母院与法兰西王国

235　附录

- 词汇表
- 参考文献
- 致谢
- 图片出处

寻找中世纪的
巴黎圣母院

巴黎圣母院骄傲地伫立在西岱岛（Île de la Cité）上，像停泊在塞纳河上的一艘船。这座哥特式大教堂极具对称之美：圆室（东延部分）的飞扶壁如瀑布般向下倾泻；中殿顶部有一座精美的尖塔，正对着耳堂交叉处；正面是两座方形塔楼。前广场的北面是主宫医院（Hôtel-Dieu），西面是巴黎警署（Préfecture de Police），东面和南面与塞纳河码头相邻。站在塔上可以看到司法宫（Palais de Justice），圣礼拜堂（Sainte-Chapelle）的尖塔也从以前的宫殿之间显露出来。行人可以在西侧和南侧的花园里欣赏这座伟大的建筑。巴黎圣母院是法国著名的大教堂，似乎所有建筑都是以它为中心向外辐散，法国境内的所有公路，都从大教堂的若望保禄二世广场开始计算里程。

但是，我们如今所看到的圣母院，是 20 世纪末经过激光清洗修复后的样子，已经发生了不少变化，与 1163 年巴黎大主教莫里斯·德·苏利始建的并不完全相同。虽然这座中世纪哥特式教堂饱经风霜，但也得到多次修缮；甚至在 1225 年刚刚完工时，它的修缮工作就开始了。想要重新探索中世纪时期的巴黎圣母院，我们必须首先研究历史上因为修复大教堂而带来的变化。

现代：尊重经典

近些年圣母院的变化相对较小，只涉及教堂内部。人们一直以来对这座建筑怀有敬意，同时这也符合第二届梵蒂冈公会议（Second Vatican Council）中提出的礼拜仪式要求。最具标志性的装饰是镀金青铜十字架，也被称为荣耀十字架（the cross of glory），由马克·库蒂里耶（Marc Couturier）于 1993 年建造。大十字架巍然耸立于唱诗席后方，俯视着巴洛克式《圣母怜子象》（*Pietà*）和哥特式中殿。现在的主祭坛建造于 1989 年，位于耳堂交叉处，由青铜雕琢而成，出自保罗·图雷（Paul Touret）之手。其建造风格遵循中世纪时期流行的主题，描绘了 4 位福音传教士和 4 位先知，同时将唱诗席和中殿连成一个开放的整体。现在圣母院内部的陈设可能和中世纪时期的样子完全不同。当时，主教主持仪式的祭坛位于教堂东端，唱诗席后面，圣坛屏将其与中殿完全隔开。13 世纪末 14 世纪初，为了保证唱诗班不受教徒和侧堂里主持仪式的神职人员影响，两边都安装了大屏风。

第 18—19 页图

19 世纪维奥莱 - 勒 - 杜克为装饰教堂西侧的钦梅尔走廊（Galerie des Chimères，又称大回廊，俗称奇兽走廊），而创作的奇兽（部分）。

对页图

中殿的西山墙顶上，在奇兽雕像的注视下，一位天使吹响了末日审判的号角。天使朴素的衣饰与这些奇兽的曲线所形成的鲜明对比唤起了令人不安的氛围。

第 22—23 页图
这张照片是比松（Bisson）兄弟在 1857 年左右拍摄的，展示了修复期间的巴黎圣母院南侧。新哥特式圣器收藏室已修建完成，但是新的尖塔还没换上去，尖塔在 1859 至 1860 年由维奥莱 - 勒 - 杜克修复。

第 24 页图
雕刻师若弗鲁瓦 - 德肖姆建造的圣母像，1854 年由梅斯特拉尔（Mestral）摄于修复工作室。

第 26—27 页图
在围绕尖塔底部的天使中，圣托马是建筑师的主保圣人，他手中拿着标尺，象征着建筑师维奥莱 - 勒 - 杜克。

它基本保留了原样，也清楚地告诉人们唱诗席是如何被分隔开来的。教徒可以通过观看屏风上的雕刻画领悟弥撒的奥秘，这些雕刻画描绘了耶稣的生平、受难、复活以及他的相貌。虽然巴黎圣母院在 19 世纪进行了大规模修复，这些雕刻画还是可以证明中世纪时期的雕刻技术水平。

唱诗席里，祭坛由另一块石屏围着，上面可能罩着一个格栅。在主持仪式的时候，主教负责监督本教堂的教士，他们坐在两侧的唱诗席座位上。因此，祭坛被封闭在圣所内，神秘的仪式也被隐藏起来，教徒甚至有些神职人员都看不见。

再后来，看台窗口的玻璃和中殿里的高窗也经历了重大改变。18 世纪，窗口的玻璃被取了下来，因为当时举行的华丽的仪式需要更亮的光线。其实，该区域的自然光被一座双层侧墙所减弱，其建造目的是增加中殿侧廊小教堂的深度。1965 年雅克 · 勒 · 舍瓦利耶（Jacques Le Chevallier）设计建造了侧墙，他选择了一种抽象的处理方式，蓝色和红色的墙面与 13 世纪的玻璃颜色相协调。

最后，教堂里的管风琴和 14 世纪的样子大不相同。18 世纪时，原有的哥特式管风琴被现在的这个所取代，此后一直妥善保护着。1863 至 1868 年，阿里斯蒂德 · 卡瓦耶 - 科尔（Aristide Cavaillé-Coll）重新修复了风琴，并于 1992 年开始由电脑控制，成为欧洲最著名的管风琴之一。

钟在召唤教徒祈祷和礼拜方面起到相当大的作用，不过真正的中世纪钟没有保留下来。北塔楼有 4 口钟，南塔楼有一口博登大钟，都在 1964 年通了电。北塔楼的 4 口本杰明钟（Benjamines）是 1856 年拿破仑三世在其子，即法国王储的受洗礼时赠予的。

13 世纪末的北塔楼，即真正的中世纪钟楼，上面有 4 口钟，分别为普格尼斯钟（Pugnèse）、尚贝朗钟（Chambellan）、纪尧姆钟（Guillaume）和帕基耶钟（Pasquier）。但是，它们饱经时间的洗礼，最终被熔化重铸。钟的数量逐渐增加，到了 1686 年，钟楼上已有 16 口钟，音调都不同。在中世纪，南塔楼上有 2 口博登大钟，

其中玛丽钟（Marie，可追溯到 15 世纪初）在法国大革命期间被熔化。另一口雅克利娜钟（Jacqueline），是以查理六世的大侍从让·德·蒙泰居（Jean de Montaigu）的妻子名字命名的，他在 1400 年女儿出生时捐赠的这口钟。路易十四统治时期重铸了这口钟，并命名为以马内利（Emmanuel，基督的别称），这个名字沿用至今。它重达 13 吨，有着低沉纯正的 F 调，只有在重大宗教节日和举办国家级活动时才会敲响。

现在，人们尽量不启动大型修复工程，只是小心地保护着巴黎圣母院的外观，因为这座教堂已有数百年的历史。19 世纪修复期间的主要考古发现保存在法国国家中世纪博物馆（Musée national du Moyen Âge，其前身为克鲁尼博物馆）或卢浮宫里。国家中世纪博物馆中还收藏着亚当的雕像，从 13 世纪中叶开始，亚当雕像就一直放在南侧耳堂门上的壁龛里，两边分别是基督祝福像和夏娃雕像（现已失藏）。如今，由维奥莱 - 勒 - 杜克修复的亚当和夏娃雕像摆放在教堂正面的第一层，和中世纪时期摆放位置不同。《圣经》中 21 位以色列和犹太国历代国王的雕塑排列于教堂正面的国王廊中。大革命期间，国王廊许多雕像的头部惨遭损毁，幸而当时的一些好心人将这些被敲下的头像保护了起来。1977 年，在昂坦大街的法国外贸银行（Banque Française du Commerce Extérieur）的地下室挖掘过程中，人们奇迹般地再次找到了它们，现在这些头像陈列在国家中世纪博物馆里。这些雕刻头像是罕见而珍贵的中世纪艺术品，颜料的痕迹表明这些雕塑最初是彩色的。

圣母子雕像矗立在唱诗席附近，靠着耳堂东南侧的柱子，是 14 世纪建造的，作者不详。这并不是最原始的作品，原作已在大革命期间毁坏。它来自尔桑街（rue des Ursins）附近的圣艾尼昂（Saint Aignan）的一间古老的小教堂里，现已成为巴黎圣母院主要标志之一。

第 28—29 页图

一位国王的头像雕塑，现存于法国国家中世纪博物馆。该头像是 1977 年发现的 21 个以色列和犹大列王像之一。这座雕像在中世纪装饰着国王廊。

第 30—31 页图

这个末日审判时的基督像位于圆室北面的外墙上，生动地展示了这座教堂所经历的动荡。它可以追溯到 14 世纪，当时可能被放在唱诗席的围栏里；17 世纪时，它又被移到了外面，因为先前的位置放上了《路易十三的誓愿》（*The Vow of Louis XIII*）。

上图
玫瑰窗细节，取自建筑师让 - 巴蒂斯特·拉叙斯（Jean-Baptiste Lassus）和维奥莱 - 勒 - 杜克 1843 年出版的《巴黎圣母院修复项目》（*The restoration project for Notre Dame de Paris*）。

对页图
图中的美德形象取自西玫瑰窗（上方为谦卑，下方为谨慎）。玫瑰窗于 1220 年左右建成，目的是为会众照亮中殿。外围的十二种美德形象手持长矛和盾牌，随时准备着与威胁基督徒的十二种恶习战斗。大部分玫瑰窗都是由维奥莱 - 勒 - 杜克修复的。

维奥莱 - 勒 - 杜克：修复教堂的大师

现代时期的圣母院主要是维奥莱 - 勒 - 杜克的杰作，在遭到法国大革命破坏并被忽视了两个世纪之后，维奥莱 - 勒 - 杜克将其修复。他不仅拯救了圣母院，更重建了它。1793 年，法国大革命中的革命派下令砍掉圣母院国王廊上的以色列和犹大王国列王雕像的脑袋，他们以为这些雕像代表着从希尔德贝特一世到腓力二世这些为人众所周知的法国君主。教堂正面的雕像有的被人掀翻，有的被打掉了头，有的则面目全非。大革命期间，在罗伯斯庇尔（Robespierre）的鼓动下，圣母院被改为“公理殿”（Temple of Reason），甚至有人提议拆除它以再利用那些石头，不过革命刚刚结束人们的意见就开始改变。浪漫主义时代到来，随之而来的是对中世纪的再发现。

到 19 世纪初，“中世纪”（Middle Ages）一词已经有了悠久的历史。“中世纪”首次出现于 1550 年左右，在意大利画家及艺术史学家瓦萨里（Vasari）的文章中发现。同时“文艺复兴”（Renaissance）一词也开始使用，指复兴古希腊或古罗马的艺术。千年前的艺术一直遭到漠视，还被贴上模糊的时代标签，认为它来自中间时期。正是瓦萨里将圣母院的艺术风格命名为“哥特式”（Gothic），将其归功于哥特人，他认为哥特人就是在 410 年摧毁罗马的野蛮人。在很长一段时间里，人们都认为中世纪是野蛮的时代。

19 世纪初的浪漫主义运动使人们转变了对哥特式风格的看法。现在哥特式被视为最有成就的艺术类型之一，同时，效仿它的游吟诗人风格或哥特复兴风格席卷了欧洲。1802 年法国作家夏多布里昂(Chateaubriand)在他的《基督教真谛》（*Génie du Christianisme*）一书中赞美了中世纪精神，并成为浪漫主义运动的主要灵感来源。他称赞哥特式教堂是“建造森林”，那里的风琴和铜像发出“风声和雷声”。1804 年 12 月 2 日，拿破仑在约瑟芬的陪伴下在这里加冕为皇帝，当时的教堂破败不堪，墙上的帷幔也遮盖不住。浪漫主义运动也扩大到了政治领域。

1829 年，复辟政府希望记录中世纪历史，并建立国立文献学院（École Nationale

des Chartes）来培训档案管理员。1834 年浪漫主义作家普罗斯珀·梅里美（Prosper Mérimée）担任法国历史文物总督察员。这个职位是由弗朗索瓦·基佐（François Guizot）和阿道夫·梯也尔（Adolphe Thiers）创建的，他们既是政治家也是历史学家；其工作内容包括清点全国所有被毁坏的中世纪建筑。公众强烈支持这一举措，因为大革命时期建立的法国古迹博物馆（Museum of French Monuments）唤醒了人们对哥特式艺术的意识。哥特式艺术成为民族自豪感的源泉，被视为“法国的灵魂”的外化。1831 年维克多·雨果出版小说《巴黎圣母院》（又译《钟楼怪人》），大获成功。这本书讲述了在中世纪时期的巴黎，一个畸形人卡西莫多常出没在巴黎一所大教堂的钟楼上，那里是当时奇迹之殿（Cour des miracles，是巴黎的一个贫民区）繁华的地方。从历史上讲，这部小说的很多背景是不准确的：尽管中世纪有很多乞丐，但是他们并没有被社会排斥；怀着报复心狂热地追求女主人公埃斯梅拉达的巴黎圣母院会吏长，更像一个 19 世纪粗暴、卑鄙的警察，而不是常常忏悔的中世纪神父。最终，在 1835 至 1836 年，巴黎圣母院被激进的基督教人士用于礼拜仪式的举行当中。当时，多明我会主教亨利·拉科代尔（Hénri Lacordaire）有力的声音在教堂里回荡，宣讲大斋期的布道。哥特式艺术得到彻底的复兴。

1843 年，随着圣母院再次受到关注，宗教管理局开展了一场修复教堂大赛，维奥莱 - 勒 - 杜克和让 - 巴蒂斯特·拉叙斯赢得了比赛。这两位建筑师还很年轻，维奥莱 - 勒 - 杜克只有 30 岁，拉叙斯 36 岁，但是他们已经在建筑方面崭露头角。维奥莱 - 勒 - 杜克曾在法国和意大利学习建筑，著名作家兼法国历史文物总督察员普罗斯佩·梅里美也曾委托他修复被毁坏的马德莱娜教堂（全称为圣玛丽玛德莱娜教堂，Sainte-Marie-Madeleine），该教堂位于韦兹莱。他还指导修复卡尔卡松的城堡和圣纳泽尔（Saint-Nazaire）教堂；1840 年拉叙斯带领他做圣礼拜堂的修复工作。

由于两人提出要对巴黎圣母院进行加固而不是创新，所以他们的合作可以说

上图
1380 年，为安茹的路易一世公爵（Duke Louis I of Anjou）创作的启示录挂毯上的一幕。挂毯描绘了青蛙模样的污秽的灵，从龙口，兽口和假先知的口中出来。这一幕和《圣经》最后一卷的描述一样（《约翰福音》第 16 章，第 13 至 16 节）。《启示录》预言了世界末日，在整个中世纪被广泛阅读并被绘制成插图。

对页图
北耳堂的墙上镶嵌着百合花纹样的山墙、假拱、叶饰，还有如吸血鬼般的滴水兽悬挂在排水管末端。虽然这些都是维奥莱 - 勒 - 杜克做的，但滴水兽自 13 世纪以来就出现在巴黎的建筑中。

第 37 页图
滴水兽细节图。

我看到撒旦这个上帝森林中的偷猎者在游荡，

他黝黑，冷笑，眼含怒火。

维克多 · 雨果

《历代传说》（*La Légende des Siècles*），1883 年（吕永真译）

第 38—39 页图
维奥莱 - 勒 - 杜克修复尖塔（第 38 页图）和教堂西侧的设计图（第 39 页图）。

很有吸引力。至少拉叙斯的目标是加固，但他于 1857 年去世。维奥莱 - 勒 - 杜克一个人负责工作，在这一点上这更是一个修复项目。他解释道："修复建筑并不意味着保持原样、修补或者重建，而是把这座建筑带回一个完整的状态，而这种状态在以往任何时候都没有出现过。"他全身心地投入古代文献的研究中，从亚眠、沙特尔和兰斯等地的教堂里完好的雕像中获得灵感，并研究其他雕像遗迹。他对古迹艺术和考古学的了解比当时任何一位建筑师都要多，他完成的修复工作范围之广令人震惊，因为圣母院不是他唯一的修复项目；他同时接管其他地方的修复项目：图卢兹、圣但尼、亚眠、皮埃尔丰；此外，他还建造新建筑，包括洛桑的一座教堂。他的巨著《11 至 16 世纪法国建筑词典》（*Dictionnaire raisonné de l'architecture française du xie au xvie siècle*）于 1854 至 1868 年出版，以及他的《家具词典》（*Dictionary of Furniture*），都体现出他的专业知识和热情。在这两本词典中，他都阐明了在哥特式建筑中，各个元素都受到结构的影响，并根据其进行设计，尤其是拱顶。"一切都是为建筑结构服务的，包括看台、拱廊、尖顶和山墙。哥特式建筑中没有一个部分来自凭空的幻想。"维奥莱 - 勒 - 杜克称赞哥特式艺术的理性主义和民族主义。就像雨果认为 12 至 14 世纪教堂艺术的繁荣是对法国精神的深度与信仰的一种致敬。

为了将巴黎圣母院恢复到 1330 年的样子，这位建筑师使用了很多教堂早期的图纸和描述材料，比如，敲钟人安托万・吉尔贝（Antoine Gilbert）在 1821 年出版的《巴黎大都会教堂的历史性描述》（*Historic Description of Paris's metropolitan basilica*），教士吉约・德・蒙鸠斯依（Guillot de Montjoye）于 1763 年写的《巴黎教堂珍品的历史性描述》（*Historic Description of the curiosities of the Church of Paris*），以及亨利・索瓦尔（Henri Sauval）和阿贝・勒伯夫（Abbé Lebeuf）等伟大的古代巴黎历史学家所留下的记述。

维奥莱 - 勒 - 杜克采取了越来越多的新方案。他重建了 1792 年因缺少维护而倒塌的尖塔，灵感来自 1853 年重建的圣礼拜堂。尖塔高 96 米（约 315 英尺），底

FACADE OCCIDENTALE
ECHELLE D'UN CENTIMETRE POUR UN METRE

NOTRE DAME
FACADE OCCIDENTALE
RESTAURATION DE LA PORTE CENTRALE
ECHELLE DE QUATRE CENTIMETRES POUR UN METRE

对页图

由维奥莱 - 勒 - 杜克设计的圣母院中央的大门，被称为西立面的审判门。

部由雕像围绕着（每组 4 个，共 4 组），代表着 12 位使徒和 4 位福音传教士——和中世纪的尖塔大不相同。国王廊的雕像和大门上的柱像共有 71 尊，都是照着石膏模型精心雕刻的，屋顶的边缘镶嵌着装饰用的奇兽奇兽和滴水兽。

排水口用大名鼎鼎的思提志（Stryge，夜之鸟）雕像隐藏了起来，一座装点着奇兽的走廊连接着两座塔楼。窗户也得到了修复：南玫瑰窗在 1831 年主教宫殿的大火中损坏严重，被完全拆除，重新安装了更坚固的竖框；西玫瑰窗也重新修复了；北玫瑰窗的变动最小。维奥莱 - 勒 - 杜克加固了塔楼，但他克制了在上面加尖塔的念头——最初在构思设计时就有这个想法。所有损坏的石雕都被换掉，确保建筑的整体和谐。教堂外部，在 1837 年被拆除的主教宫殿位置上，新建了新哥特式风格的圣器室和神父住宅。教堂内部，教士会礼堂都漆成了中世纪风格的明亮颜色。教堂周围的空地变成了花园和广场。

维奥莱 - 勒 - 杜克的《工作手记》（*Works Journal*）详细记录了他所遇到的困难。1847 至 1864 年间的修复期，石匠、雕塑家、珠宝匠、玻璃工和木匠的数量不断增加。他得到了十几位雕塑家的协助，大多数都和大卫·当热（David d’Angers）学习过，尤其是雕刻师阿道夫·若弗鲁瓦 - 德肖姆，他在屋顶上雕刻了一座大铜像；还有一些玻璃制作大师：路易·施泰因海尔（Louis Steinheil）、阿尔弗雷德·热朗特（Alfred Gérente）、安托万·吕松（Antoine Lusson）和老迪德龙（Didron senior）。最小的细节他都要一一检查，一些在大革命时期被毁坏的中世纪珍宝按照他的设计精心修复。他重修了礼拜器具，制作了圣坛华盖、圣杯和圣物盒；重做了一些摆设，如读经台、烛台、《福音书》封皮、游行用十字架，以及看台上的摆件。1864 年 3 月 31 日，教堂修复完成。可是在 1845 年为修复教堂分拨的资金早已用完：197,3882.67 法郎用于修复教堂，66,4491.83 法郎用于修建圣器室。1850 年，人们意识到需要额外的资金，于是修复工作中断了 8 年，1859 年得到了 300 万法郎的额外捐赠，修复工程才重新开工。

可能有人指责维奥莱 - 勒 - 杜克的修复有些过度，但这种评价有些失礼，因为他的参与为圣母院带来了和谐统一。他甚至还试图修复 12 世纪末建造的第三层来修改室内立面，这一尝试是有效的。他想要把看台上方的小窗合并起来，并

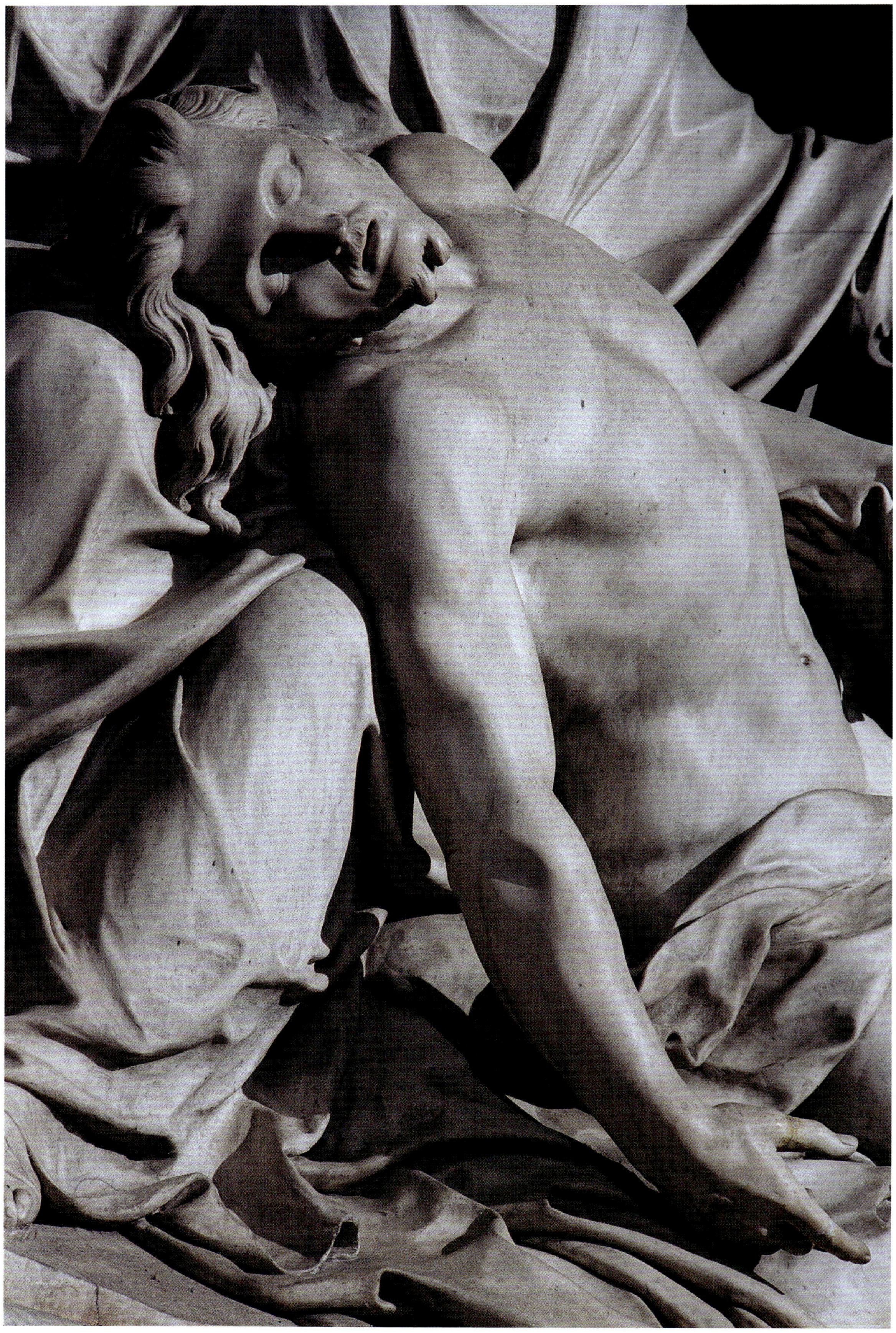

第 42—43 页图
《路易十三的誓愿》，由罗伯特·德·科特于 1708 至 1714 年创作，极大地改变了中世纪风格的唱诗席，加入了巴洛克风格的元素。1723 年，在尼古拉·库斯图创作的《圣母怜子像》右侧是他创作的路易十三雕塑，左侧是安托万·柯塞沃克创作的路易十四的雕塑。

降低上方窗户的高度，并按照中殿的原始设计图来设计第四层。不过这项计划只在耳堂实施，因为担心教堂内光线不足。因为维奥莱 - 勒 - 杜克丰富的想象力，如今我们可以透过屋顶上的滴水兽看到教堂的一砖一瓦，和中世纪的人们怀着惊奇和欣喜所看到的一样。巴黎圣母院的每一块石头都能通过他的灵感之作向我们诉说它们的故事。

对页及第 46—47 页图
《基督下架图》(*Descent from the Cross*)，18 世纪早期雕刻在 52 个唱诗席座位背面。在中世纪，教士们坐在前主教墓碑周围的长排座椅上。

路易十三的誓愿

维奥莱 - 勒 - 杜克没有重建中世纪建的唱诗席，只是拆除了 18 世纪为了遮住哥特式柱子而建造的大理石牌匾，他对此很满意。这座教堂在 18 世纪经历了最大幅度的改建，不仅加强了拱顶和外墙，还有更加彻底的改变：高窗上原有的玻璃被移除，取而代之的是蓝色背景上点缀着百合花的白色玻璃；滴水兽换成了水管；中殿和唱诗席都重新上了色；地面铺上了深蓝色和白色的地砖以掩盖地上古代墓碑。1771 年，为了容纳游行队伍，热尔曼・苏夫洛（Germain Soufflot）扩大了西侧的中央入口，扶壁柱和许多门楣上的最后的审判雕像都因此拆除了。

绘画大师安格尔的《路易十三的誓愿》仍挂在这座中世纪教堂的唱诗席里，这幅作品可追溯到 18 世纪初。在这幅画作诞生的 100 年前左右，国王路易十三为了纪念他期待已久的儿子——未来的国王路易十四，在 1638 年 2 月 10 日郑重宣布重建巴黎圣母院的祭坛，让法国得到圣母马利亚的庇护。他还允诺建造一座雕像——圣母把心爱的儿子从十字架上取下抱在怀中，也就是《圣母怜子像》。但由于缺乏资金，这项工程一直拖延，直到他的遗孀奥地利的安妮（Anne of Austria）开始修复圣坛屏。最终，在 1699 年，路易十四决定完成父亲的誓言。如今我们不想以任何方式打扰巴黎圣母院，但如上文所说，18 世纪的品味和中世纪并不相符。安托万・德・拉・波特（Antoine de La Porte）教士提供了所需资金，1708 年在建筑师罗伯特・德・科特（Robert de Cotte）的指导下，哥特式唱诗席的收尾工作开始进行，并于 1714 年完成。安托万・柯塞沃克（Antoine Coysevox）的路易十四祈祷的雕像和尼古拉・库斯图（Nicolas Coustou）的路易十三向圣母献王冠和权杖的雕像分别立在新建的主祭坛两侧，下面有三级台阶。1723 年，巴

洛克式《圣母怜子像》装点其中，也是库斯图的作品。安托万・瓦塞（Antoine Vassé）所雕刻的六个天使铜像上承载着基督受难的刑具。安放国王手臂的地下室再次挖开，用来存放巴黎大主教的遗体。

18 世纪的唱诗席座位完全改造为木制，上面雕刻着图案。同时，铁匠弗朗索瓦・卡菲耶里（François Cafieri）打造的锻铁格栅取代了圣坛屏。虽然唱诗席座位上雕刻着传统主题的图案，从圣母马利亚的生活、耶稣的神迹、耶稣的受难，到比如谨慎和谦虚的美德形象，但是 18 世纪的改造在中世纪教堂中切开了一条戏剧性的缝。

巴黎圣母院依然保持着中世纪的风貌，无论是在精神上还是在建筑上。然而，自中世纪以来，它的内外部修复工作已将其从一座宗教场所转变为国家纪念馆。圣母院的修复工作进行时，西岱岛也在翻新，法兰西第二帝国（Second Empire）时期，人们重新发现了它在中世纪的行政功能，当时西岱岛是王宫和主宫医院的所在地。到了 19 世纪，这座岛上蜿蜒曲折的小巷已声名狼藉，直到奥斯曼男爵（Baron Haussmann）拆除了许多房屋和建筑，才清理了这片区域。教堂前面曾是一个小广场，现在变成一个 200 米 ×150 米（约 656 英尺 ×492 英尺）的广场，用于附近兵营里的军队演习，该兵营建于 1865 年，现在的巴黎警署就建在那里。行政办公楼林立：商事法庭（Tribunal de commerce）建于 19 世纪 60 年代，位于中世纪宫殿旧址的司法宫（Palais de Justice）进行了相当大的扩建，为此缩减了太子广场（Place Dauphine）的面积。现在的主宫医院建于 1869 年，位于广场北侧，对面是 1772 年被烧毁的中世纪医院。最后，为了延伸大桥而建立了两条平行公路，分别名为王宫大道（boulevard du Palais）和城市街（rue de la Cité），把沙特莱广场（place du Châtelet）和圣米歇尔广场（place Saint-Michel）连接起来。

教堂内，华丽的巴洛克装饰和现代礼拜仪式要求相辅相成，19 世纪维奥莱 - 勒 - 杜克的修复以及 20 世纪的一些小改动，使巴黎圣母院成为一座人人皆知的建筑。这里举行了很多重大仪式，从举行胜利赞美颂到为受表彰的人做纪念弥撒。每年上百万人前来参观，证明了巴黎圣母院是怎样经历并适应种种历史事件，成为世界闻名的纪念圣地。

第 48—49 页图
装饰在管风琴箱底座上的天使，证明了 18 世纪风格的变化。

对页图
1863 至 1868 年，卡瓦耶 - 科尔修复了管风琴，并用唱诗席的管风琴加以扩充。只有风琴箱是 18 世纪完整保存下来的。它是法国最重要的管风琴组，由三位风琴手演奏。

巴黎圣母院的诞生

第 52—53 页图
从屋顶上看到的圆室和飞扶壁。

对页图
让·富凯（Jean Fouquet）绘制于 1470 年的彩饰画，展示了弗莱维厄斯·约瑟夫斯（Flavius Josephus）的《犹太古史记》（*Jewish Antiquities*）中描述的内容。这幅画描绘了所罗门国王在一座凉廊下令修建耶路撒冷圣殿（一座华丽的哥特式大教堂）。他的衣服上装饰着百合花花纹，表明他是法国国王的祖先，但是法国国王很少干预教堂的建设，包括巴黎圣母院。

在莫里斯·德·苏利主教决定拆除他曾主持仪式的旧教堂并建立一座新教堂的时候，西岱岛早已不再是巴黎的宗教中心。由于没有精确的记录，也没有对现场进行系统的挖掘，原始建筑的形态并不十分清晰。1711 年，在偶然的情况下，人们发现了它：工人挖掘埋葬大主教的地窖时，在现在的教堂中殿里发现了两座古老的墙；一座是高卢罗马（Gallo-Roman）时代的，另一座来自墨洛温王朝（Merovingian）教堂的后殿。人们还发现高卢罗马时代的石雕再次出现在吕特斯航夫商会的航夫之柱（Pillar of the Boatmen）纪念碑上，其主要部分保存在中世纪博物馆里。1847 年，维奥莱 - 勒 - 杜克在教堂西部的地下进行了进一步的研究，发现了一座被夷为平地的罗马大教堂遗迹。1962 年，在挖掘圣母院地下停车场时，工作人员对这座遗迹的规模和丰富的装饰做了更详细的记录。随着时间的推移，这些发现出现了不同的解释，但目前考古和历史研究主要集中在高卢罗马时代和中世纪初期之间。早期的教堂被视为“主教团”（episcopal grouping）所主导的建筑群，类似于同一时期其他地方的宗教中心，如图尔、日内瓦或特里尔。

巴黎圣母院的起源：主教团

一位主教下令在西岱岛建造建筑群，圣母院的原型由此诞生。它由一块巨大的石墙保护着，石块可能来自塞纳河右岸的吕特斯竞技场（Arènes de Lutèce）——高卢罗马时代的圆形竞技场。墙上可能有塔楼，虽然其确切原型还不清楚，但是部分墙体依然可见，尤其是在现在的圣母院地下墓穴里。教堂大约是在 4 世纪末建造的，当时罗马帝国在野蛮人入侵的威胁下，命令各城市加强防御，并逐渐缩小范围。吕特斯［Lutèce，高卢罗马时代名为卢泰西亚（Lutetia）］，也就是现在的巴黎，防御面积仅为西岱岛上 10 公顷（0.1 平方千米）的土地，这片区域已铺平并抬高。由此可见，这座城墙的建造时间在巴黎大主教上任（有证据表明是在 346 年，即 312 年君士坦丁大帝皈依基督教后）到狄奥多西（Theodosius）统治的罗马帝国正式成为基督教国家（391 年）之间。

到了罗马帝国末期，主教团建筑群早已建好。墨洛温王朝时期，建筑群包括一座长方形会堂教堂、洗礼堂、主教府和医院。主建筑是会堂教堂，十分古老，

左图

16 世纪的巴黎地图：左岸可以看到腓力二世下令建造的防御工事，而人口较为密集的右岸由查理五世在 1370 年左右下令建造的防御工事包围着。现在名为圣路易岛的小岛空无一人，塞纳河支流上只有四座桥，右岸是大桥和圣母院桥，左岸是圣米歇尔桥和小桥。

对页图

被早期建立的 13 世纪大长廊衔接的两座高塔的仰视图，彰显了它们宁静肃穆的特质。

可能建造于君士坦丁时代；从已发现的白色大理石和马赛克残片上可以看出它十分宽敞，装饰华丽。其正面墙体宽 36 米（约 118 英尺），位置在圣母院前方 35 米（约 115 英尺）；共有 5 座中殿，中间的那座大约 70 米（约 230 英尺）长，长度到达巴黎圣母院中殿的第三个格距。这座教堂在罗马帝国时期的用途尚不得而知，但我们可以确定的是，王宫位于西岱岛东部，和教堂隔着朱韦里街（rue de la Juiverie），这条街与塞纳河上的两座桥相连，南面是小桥（Petit-Pont），北面是圣母院桥（Pont Notre-Dame）。洗礼堂坐落在会堂教堂北侧，可能是第一位主教任职期间建造的，因为 451 年，圣热纳维耶芙（也称为圣女日南斐法）从阿提拉（Attila，匈奴人之王，434—453 年在位）手中逃出到那里避难。由于洗礼堂为圆形，所以被命名为圣让勒朗（Saint-Jean-le-Rond，Rond 在法语中有圆形的意思），中心的水池下有三级台阶，象征着三位一体。在当时，按照一种盛行到中世纪末的习俗，新入教者要在复活节和圣灵降临节这两个宗教节日上受到全身洗礼。13 世纪时洗礼堂经历了大规模重建，最终于 1748 年拆除。

主教府可能位于会堂教堂扩建部分的某个地方，还有一座独立的小教堂。医院与位于前院西北角的圣克里斯托夫（Saint-Christophe）教堂相邻，差不多在现在的主宫医院的位置上。它是由朗德里主教（Bishop Landry）在 651 年建造的，但对于它的历史和用途，我们所知甚少，只能从后来的文献中得知：可能在加洛林王朝时期，教士们会在某些宗教节日上去那里为穷人洗脚。在 8 世纪，会堂教堂东面和北面的教士宿舍建成，这组建筑群完成了。教士宿舍位于塞纳河沿岸，那里是教堂的回廊，与修道院的回廊不同，它是由防御堡垒内大部分独立住宅组成的。

墨洛温王朝的国王下令装饰会堂教堂，但并不奢华，因为史书上对此记载很少，尽管这些国王对巴黎修道院的建立起到了重要作用。墨洛温王朝创始人克洛维一世（486—511 年在位）于 5 世纪末在兰斯接受洗礼，他把巴黎定为新法兰克王国首都，在精神和物质上巩固国家。然而，他没有葬在这座会堂教堂里，而是选择与妻子克洛蒂尔德（Clotilde）一起葬在十二使徒教堂（Church of the Apostles），躺在圣热纳维耶芙旁边。他在塞纳河左岸发现了十二使徒教堂，也就是先贤祠现在所在的地方。诗人福蒂纳（Fortunat）讲述了克洛维的继任者希尔德贝特一世十分慷慨地向这座巴黎教堂捐赠，以至于历史学家们有很长一段时间都认为是他建造的。希尔德贝特一世还在左岸修建了圣克鲁瓦 - 圣繁尚（Sainte-Croix-Saint-Vincent）修道院，也就是后来的圣日耳曼德佩（Saint-Germain-des-Prés）修道院，而达戈贝尔特一世（629—639 年在位）修建了圣但尼修道院和王宫对面的圣埃卢瓦（St Eloi）小修道院。这座教堂是由兼任副主祭和殉教士圣斯德望捐赠建立的，但并不仅仅是简单地统治教区：它是最重要的法兰克教堂，同时还成为会场，人们在这里开会定义基督教教义以及宣告教士与平信徒（无神职的一般教徒）应遵守的纪律。

不过，对于会堂教堂的记载很少，因此很难查询其历史。它躲过了诺曼人

上图

巴别塔是根据一份 13 世纪的手稿建造的：主要的起重设备，尤其是松鼠轮，是由人力驱动的，需要大量的劳动力。

对页图

巴黎圣母院的隐藏部分是木质结构的屋顶（也称为“森林”），这幅图既展示了中殿结构，也展示了塔楼的框架。每一束光都透过不同的木条照射进来（在 2019 年的大火中，圣母院的木质屋顶已被焚毁）。

第 61—60 页图

13 世纪中叶，让·德·谢勒（Jean de Chelles）和皮埃尔·德·蒙特勒伊（Pierre de Montreuil）将南耳堂扩建了 4 米（约 13 英尺），和北耳堂一样。其目的不仅是让光线进来，照亮墙壁，而且通过增加尖拱、拱门、浮雕和狭长山墙使教堂更为辉煌壮观，同时大门上方增加了精心雕刻的圣斯德望雕像。右面可以看到维奥莱 - 勒 - 杜克所建的圣器收藏室。

对页图

壁龛的两层飞扶壁，由让·拉维（Jean Ravy）在 14 世纪初建造，它们由相同的扶垛支撑着，大扶垛高达 15 米（约 49 英尺）。12 世纪建造的栏杆把排水沟隐藏了起来。

的破坏，不断地经历了修复与改造，规模最大的一次可追溯至 12 世纪。为了维护和修缮教堂，巴黎会吏长兼路易六世（1108—1137 年在位）的首席顾问艾蒂安·德·加兰德（Étienne de Garlande），在主教空缺的情况下与国王商议，争取了一部分财政收入。路易七世（1137—1180 年在位）统治时期，主教的权力增加并得到巩固，还需归功于 9 世纪至 12 世纪的教宗们所推崇的改良原则。大约在这个时候，主教蒂博二世（Thibaud II，1144—1158 年在位）开始了修复外墙的工作。他曾是圣马丁德夏普（Saint-Martin-des-Champs）修道院的院长，这座修道院位于塞纳河右岸，他从礼拜堂的建造中看到了哥特式艺术的第一次发展。蒂博二世与圣但尼修道院院长叙热（Suger）生活在同一时代，他的灵感可能来自圣但尼修道院中新兴的哥特式风格。所以会堂教堂有两扇大门，一扇门的柱像是圣母，另一扇描绘了末日审判的景象。为了建造新教堂的圣安妮门，圣母门在 13 世纪初移动了位置，并进行了重建，而审判门在中世纪重建期间拆除了很大一部分。1151 年叙热将象征圣母荣耀（Triumph of the Virgin）的彩色玻璃献给教堂，在 18 世纪左右被拆除。1147 年，罗马教宗安日纳三世（Eugene III）因人民起义被迫离开罗马，主教在接待他时这座教堂正经历着痛苦的翻修。

莫里斯·德·苏利的决定性作用

很快就有人觉得这些修缮远远不够，至少在 1169 年当选的主教莫里斯·德·苏利看来是如此，他决定修建一座新教堂取代这座老教堂。第一块基石是 1163 年春天教宗亚历山大三世（Alexander III）访问巴黎时埋下的。新教堂坐落在西岱岛更加靠东的位置上，这样拆除旧教堂后可以增加新教堂前广场的面积，因为举行复杂的宗教仪式需要很大的空间，尤其是游行入口，还需要放置建筑材料的地方。广场上临时扩建了一条宽 6 米（约 20 英尺）的新街道——新圣母院街（rue Neuve-Notre-Dame），这条街连接了新教堂和王宫。旧医院和旧教堂周围狭窄的小巷都被拆除，许多居民因此搬迁。他决定将新教堂向东延伸并越过旧教堂，这也意味着修建工作可以从圆室和唱诗席开始，不会中断教堂的服务。莫里斯·德·苏利漫长的任期（到 1196 年）意味着他能够完成大部分宏伟计划。1163 年开始施工，

1177 年一位不知姓名的建筑师完成了圆室的建造，尽管拱顶尚未完工。他还新雇了一位建筑师来封死耳堂末端的墙壁。1182 年，教宗使节亨利·德·肖托·毛里奥伊（Henri de Château Marçay）庄严地为主祭坛祝圣，100 名神职人员参加弥撒，这表明有 5 个拱门和 2 条走廊的唱诗席也完工了。建造飞扶壁的目的是加固外部的壁龛，同时也方便穿透薄墙上的高窗，起初只有一层飞扶壁。1196 年 9 月 11 日莫里斯·德·苏利去世，当时未完工的工程还有铅板屋顶，中殿，塔楼和外部装饰。他为建造屋顶留了大一笔遗产——100 里弗赫（法国旧货币名）。厄德·德·苏利（Eudes de Sully，1196—1208 年任职，与莫里斯·德·苏利无亲戚关系，但是有贵族血统）、皮埃尔·德·内穆尔（Pierre de Nemours，1208—1219 年任职）和纪尧姆·德·塞涅莱（Guillaume de Seignelay，1220—1220 年任职）任主教期间，2 位不知姓名的大石匠完成了教堂的建造，那是圣母院最初的样子。中殿里有 8 个格距和 2 个耳堂，外墙与中殿相连，塔楼与外墙和谐相融。1220 年，雕像被摆放在两边的侧廊。在过去 60 年的建设过程中，最初的设计有了一些修改，尤其是沙特尔（Chartres）教堂和苏瓦松（Soissons）教堂的修建对其产生了影响。但是现在看来，这在 13 世纪早期是一个巨大的成功。这座巴黎大教堂的规模超过了所有西方教堂：圣母院长 127 米（约 417 英尺），宽 50 米（约 164 英尺），拱门高 33 米（约 108 英尺）。巴尼斯特·弗莱彻爵士（Sir Banister Fletcher）在《建筑史》（*A History of Architecture*）一书中这样描述巴黎圣母院：教堂内部原本有 4 层，里面有一个由柱式墩支撑的拱廊；一座原本由横向筒形拱顶覆盖的看台，光线可以透过圆窗进入；看台顶部有装饰性小孔；还有一些小天窗。

这个大胆并具有创新性的图稿正是莫里斯·德·苏利绘制的。他的反对者

上图

维奥莱-勒-杜克将优美的花纹与精心雕刻的怪物形象放在一起。“中世纪怪物”活灵活现地出现在墙壁上，这道墙从教堂一直延伸至圣器室。

对页图

这座装饰性的石雕支撑着尖塔的基座，大约在 19 世纪中叶建成。由双拱门构成，上面有一个四叶形开口，其设计灵感来自中世纪建造的画廊。

们马上讽刺说，他对这一建筑的构想完全出于追求奢华；同时代的神学家皮埃尔·勒·尚特（Pierre le Chantre）通过援引基督的贫穷和谦卑公开批判他所认为的华丽艺术品的建造者。事实上，莫里斯·德·苏利出生在卢瓦尔河畔叙利的一个普通农民家庭，在 12 世纪初发展起来的学校上学。要解释他的建筑计划，就必须提到这座城市在精神上的至高地位：他是一位学识渊博的教士，学习过最具创新精神的神学原理和教会法。在 11 世纪 20 年代，巴黎的学校是西方世界最重要的教育中心。圣母院附近有着众多身穿长袍的门徒，他们都受过削发礼，让自己受到教堂的庇护。

他们大多都很年轻，很快就占据了塞纳河右岸的圣热纳维耶芙山的山坡，这里曾经是高卢罗马的一座古城，住宿很便宜。那里有几所著名的学校，包括圣日耳曼德佩学校及其修道院学校，圣热纳维耶芙学校以及圣奥思定就读过的圣维克多学校。不过，即便不提像彼得·阿伯拉尔（Peter Abelard）等有着丰富的学识并乐意在修道院任教的教授，教堂学校仍是最重要的。教堂学校的教师和圣维克多教堂的教士有着密切的关系。于格·德·圣维克托（Hugues de Saint-Victor）是于格·德·香浦（Hugues de Champeaux）的接班人，他是一位有名的教授，主要的教学内容是《圣经》的文义解释。他的学生彼得·隆巴尔（Petrus Lombardus）是教堂学校的教士，1159 年成为巴黎主教，但在一年后去世。他的《四部语录》（*Libri Quatuor Sententiarum*）包含了他对基础教义的思考——三位一体、创世论、道成肉身和救赎，还包括规范圣礼的准则。那些影响深远的纪事将在新哥特式艺术的插图中说明。

正是在这样的背景下，莫里斯·德·苏利开始了他的职业生涯，成为巴黎的教士后当上了会吏长。1160 年，他显露出传教方面的才能，所以其他教士选举他为巴黎主教，接替彼得·隆巴尔。他的布道最初是用拉丁文写的，在许多文稿中引用，并从 1170 年改编为通俗用语。这位新主教也证明了自己的管理才能，他同路易七世和腓力二世非常要好，成了他们信赖的顾问，这也证明了他的政治影响力。在 1190 年，腓力二世参加十字军东征时，任命莫里斯·德·苏利为他遗嘱的六名执行人之一。当时的文化环境是进步的：思想活跃，门徒众多。1191 年，

第 66—67 页图
中殿南侧外部的一只滴水兽，它极力向外探出身体，尽可能地把雨水从墙上排出去。一个蹲着的小人无所畏惧地看着它，似乎是装饰建筑边缘的中世纪淘气精灵。

对页图
北塔楼底部的装饰性叶饰边和浮雕细节，由维奥莱-勒-杜克设计的滴水兽装点其中。

第 70—71 页图
从中殿看到的塔楼。维奥莱-勒-杜克放弃了在上面增加尖塔的想法。

在腓力二世不在的情况下，莫里斯·德·苏利带领游行队伍为未来的国王路易八世祈祷，祈求他病症痊愈。据史书记载，他得到了教士、教会执事、门徒和许多民众的帮助。巴黎圣母院便是由这样一位热衷讲经的主教修建的，他经常在布道中讲到《圣经》，并详细阐释其内容。他还敦促教会法形成具有真实性和明确性的条文，正如1140年意大利本笃会教士格兰西（Gratiani）在他的文章中例证过的那样；此外，他支持神学家、哲学家伪丢尼修在他的《天阶体系》（*The Celestial Hierarchy*）一书中所阐释的等级原则。这本书认为上帝之光从天堂传到地球是有等级顺序的——首先是天神，接下来是神职人员，再由他们传给谦卑而忠诚的人。这些原则在这座哥特式教堂的砖石中再一次熠熠生辉。

技术和资金

圣母院在12世纪经历了一次重大改变，经过一次次的尝试和失败，它的风格由罗马式转变为哥特式。最早的改变标志可在法兰西岛（Île-de-France），即巴黎大区的建筑中看到，特别是在国王统治下的教堂里。其创新点主要在于用哥特式尖拱和飞扶壁支撑主拱顶，以及用肋拱代替圆拱。起初这三种元素很少在建筑中一起使用，而且仍被用作最基本的装饰，例如位于巴黎北部的圣马丁德夏普修道院的回廊。1135年左右，六肋拱顶首次出现在桑斯（Sens）教堂——巴黎大主教区的附属教堂。这座教堂的柱子粗细各异，回廊里装饰着尖顶窗。多种风格的混合也出现在圣但尼修道院中，它的外墙是由叙热在1140年左右修建的，5年后唱诗席也建了起来。唱诗席使用了尖顶交叉拱，但拱门上面的拱廊还是肋拱。事实上，圣母院属于专门使用哥特式建筑形式的教堂；类似的还有位于北部的努瓦永（Noyon）教堂、桑利斯（Senlis）教堂和拉昂（Laon）教堂，位于兰斯的圣雷米（Saint Rémi）修道院的唱诗席，位于马恩河畔沙隆的沃（Vaux）圣母院以及法国东部普罗万的圣奎里亚斯（Saint Quiriace de Provins）教堂。

上文曾提到圣母院的第一位建筑师尚不清楚，不过这只是意味着没有图纸留存下来，不像维拉尔·德·霍内科特（Villard de Honnecourt，可能是一位时而工作、时而游荡的建筑大师，他的13世纪建筑图纸和细节保存了下来）。然而，建筑是

对页图

飞扶壁通过将拱形天花板的水平力传递到一个平衡的重量来支撑墙壁，不过飞扶壁也有助于解决屋顶排雨的问题，这是12世纪的建筑师未能解决的问题。排水沟在上面，末端是滴水兽。这里的奇兽只起到装饰作用。

第74页图

中殿的圆柱建于12世纪末，直径约为1.1米（约3.6英尺），由鼓形石块建成，柱头上有极具风格的叶饰装饰。它们支撑着约33米(约108英尺）高的拱顶。

教堂有两个部分：唱诗席和中殿。中殿（也意为“船”）代表着臣服于海洋的人，海洋就是这个世界。“乘船下海的人”就是由此得来的。唱诗席代表高级教士（主教或大主教），由此得来“他们是圣人，圣人中的圣人”。唱诗席应更加谦卑，因为耶稣低下头放弃了他的灵魂，这也意味着神职人员应比民众更加谦卑。……唱诗席和中殿在教堂中部的十字架相交会，因为我们通过对耶稣受难的冥思而团结在一起。……在神职人员和民众之间有一个中间地带，有些地方是完全关闭的，另一些是开放的，特别是在节日期间，这意味着在节日里神职人员应通过布道向民众阐释《圣经》。

皮埃尔·德·鲁瓦西（Pierre de Roissy）

对教堂结构的说明，1200 年

需要精心规划的，可能这位主教自己对这项工作有着极大的兴趣，他自己选择建筑材料，思考建筑和雕塑的风格。叙热在文章中写道，在圣但尼修道院，主教自己借助“几何和算数工具”密切监控教堂的建设，并讲述了他和木匠骑马穿过修道院的树林寻找可以作为框架的高大树木。可以肯定的是，莫里斯·德·苏利至少参与了建筑工地的组织工作，任命他的侄子为监督员，他是一个平信徒，娶了腓力二世保姆的女儿为妻。施工现场需要水、石头、沙子和铅，这个位置比巴黎其他地方更有利，因为这里靠近河流，有木材和最重要的石灰石等建筑材料，还有大量高质量劳动力。到 12 世纪中叶，巴黎已因石建筑而闻名于世，人口众多且不断增长。工人的招聘工作是在格雷夫广场（Place de Grève）进行的，一般是每周签署一次建筑行业合同。当时使用的建造技术表明雇用了大量工人，包括按件计酬的童工。我们知道当时使用了坡道和木制脚手架，但材料通常是工人们扛在肩膀上运送，碎石则用篮子运走。可能也使用过手推车，不过在中世纪末以前很少出现在插图中。石灰石采石场就在城南比耶夫尔河（River Bièvre）左岸附近，有专业的采石工人开采，他们通常在露天市场上出售自己开采的石头。接着，石灰石通过水运，从比耶夫尔河运至塞纳河，按照质量和用途分类。建造速度表明劳动力质量是一样的。机械和工程技术不断发展——教士们认为工程科学和几何学直接相关联；这类技术应用于石建筑和高级艺术工具的制造上，如乐器，弓箭和盔甲等。石匠们熟练地使用凿石锤（一种带有网格状点的工具，用来对石头进行纹理加工），而雕刻师和玻璃工匠们既是艺术家也是行会工作人员。据了解，在 13 世纪巴黎大约有 400 名完全合格的建筑工匠，当然，这座教堂并不是由一群自愿为上帝奉献时间的虔诚信徒所建造的。

建设教堂还需要资金源，而他们对国王几乎没什么指望，因为国王认为只要把一部分财政收入分给主教，他们就可以买地，偶尔还能得到捐赠。1179 年，

左图

耳堂的拱顶石，是教堂中唯一装饰有雕刻头像的拱顶石。

对页图

通往看台顶部的螺旋楼梯，支撑的石柱巧妙地垂直立在地面上。

第 78—79 页图

南塔楼的拱顶，由三个横跨方形空间的尖形拱组成的六分拱，考虑到其需要支撑的重量，它的屋顶特别精致。圆柱通过顶板或柱头上的厚板支撑着拱顶的重量。这使得跨度增加，可以建造出高耸的拱顶。密集的圆柱、小型柱（小而细长的柱子）和拱门突出了高耸和轻盈的感觉。

路易七世下拨 200 里弗赫用于教堂的建设工作；1206 年，王后尚帕涅之阿代勒（Queen Adèle de Champagne）在遗产中为教堂建设留出 20 马克。然而，这并不意味着君主对教堂不感兴趣：腓力二世把他的朋友布列塔尼的伯爵杰弗里（Geoffrey, Count of Brittany）葬在那里，他是英国国王亨利二世和他的一任妻子埃诺的伊莎贝拉（Isabelle of Hainaut，在生双胞胎的时候去世）之子。虽然巴黎人——包括城市精英和普通人都很慷慨，但是建设资金也不完全来自捐赠。我们知道一些教区的募捐是由主教或教士定期组织的，他们从中得到的收入可能达到总预算的三分之一，尽管巴黎教区的档案中并没有这方面的记载。事实上，最大的资金来源是莫里斯·德·苏利主教，从他的行动中可以看出他的慷慨，比如他立下的遗嘱。他的继任者们也自掏腰包，捐赠了几百里弗赫，这些资金虽然不是小数目，却只占总金额的一小部分。我们很难估算这笔开支，也无从知晓圣母院的最终建造成本。我们所知道的是，一个世纪后建造圣礼拜堂花费了 4 万里弗赫，而当时巴黎建筑工人的平均工资是每天 20 德尼厄尔（旧时法国辅币，1 里弗赫为 240 德尼厄尔）。圣但尼修道院的圆室是在 1140 至 1144 年建造的，花费了 2100 里弗赫。这样一笔金额只能来自主教所分得的财政收入，个人薪水和为他服务的教士们，因为他们的资金来源是相同的。

第 80 页图
西玫瑰窗上描绘的八月丰收的景象：一位农民赤裸着上身用连枷筛谷子，旁边还有很多捆谷子，象征着富饶。

第 82—83 页图
12 世纪末圣母院为四层，13 世纪改为三层：大拱廊、看台与高窗。虽然看台十分宏伟（宽约 5.9 米，高约 7.8 米），不是很容易上去，不过它让中殿更加明亮。13 世纪时第三层的窗户扩大，并由维奥莱 - 勒 - 杜克进行修复，他不得已放弃了修复第四层的计划。

经济扩张

巴黎和法兰西岛的土地税及司法收入促进了民间贸易的繁荣发展，为主教区和其他分教区提供了建设资金，还有一部分资金来自普罗旺斯和都兰的房地产收入。这笔可观的收入得益于土地税的增加，因为法兰西岛在作物种植、葡萄栽培和牲畜饲养方面处于发展的前沿。在 11 世纪到 13 世纪之间，国家人口翻了三倍，需求大幅增加，并开辟了新的土地。主教和他的教士们和当地的地主一样，开辟了新的村庄，并鼓励新的社区居民在那里定居。有证据表明由此产生的各种税收的数额十分可观，因为他们是按照人头征税的。

在巴黎，莫里斯·德·苏利主教自己就是最重要的地主和司法领主之一。他的核心财产在西岱岛上的主教府附近，他的管辖范围包括主宫医院及其周边、前

广场的房屋、圣皮埃尔-奥-博夫斯（Saint-Pierre-aux-Bœufs）街和圣玛丽（Sainte-Marien）街、教堂和圣母院港、圣朗德里（Saint-Landry）港之间的空地，以及格拉蒂尼街（rue de Glatigny）和圣但尼·德拉夏特尔（Saint-Denis-de-la-Chatre）的部分房屋。土地和建筑组成西岱岛上的“主教领地”（voirie de l'évêqueor），1115 年左右，国王路易六世承认了领地的边界。他的领地还包括附近的圣路易岛，尽管他的大部分房产在右岸：在大桥和克利希之间人口日益增多的商业区；他还拥有塞纳河上的大桥工厂。主教的衣钵在巴黎西边的主教镇（Ville l'Évêque）延续着，这里也是圣马德莱娜教堂的所在地，范围从圣罗克（Saint-Roch）教堂一直延伸到勒劳莱和尚波商业区附近。在 1223 年《菲利皮内协议》（*Philippine Agreement*）签署后，主教与国王共同享有该地的管辖权。主教在左岸的房产并不多，但他拥有以葡萄园闻名的布吕诺庄园（Clos Bruneau）以及圣塞弗兰大教堂（Saint-Séverin）和阿尔普街（rue de la Harpe）附近的弗朗克-罗西尔（Franc-Rosier）封地。

此外，很多教堂和修道院，特别是巴黎或巴黎附近的，也向主教缴纳什一税（将收入的十分之一捐赠给教会），其中包括圣日耳曼奥塞尔（Saint-Germain-l'Auxerrois）的联合教会，及其附属的圣奥波尔坦（Sainte-Opportune）教堂；圣马塞尔（Saint-Marcel）、圣克卢（Saint-Cloud）和圣马丁德香浦（Saint-Martin de Champeaux）的联合教会；还有圣埃卢瓦、圣玛格鲁瓦（Saint-Magloire）、圣维克多、蒙马特尔以及阿让特伊的教堂。主教是封建领主，还有一些带有封臣和庄园的封地，莫里斯·德·苏利主教的封地主要在蒙鲁日、克拉马尔、奥尔日河畔圣米歇尔、

左图

中世纪有一幅关于圣母院的画——《埃蒂安·舍瓦利耶日课经》（*Heures d'etienne Chevalier*，约 1455 年），是让·富凯的作品。在这幅画中，巴黎圣母院为背景，象征着上帝之手追逐恶魔，而圣灵临在勤勉祈祷的信徒上。在画中可以清楚地看到城南，右面是圣米歇尔桥，通往左岸的小城堡（Petit-Châtelet）。圣母院街的书商区就在这座教堂脚下。

对页图

铅板屋顶由 1326 块总重达 200 多吨的厚铅板组成。上面是 96 米（约 315 英尺）高的尖塔，由维奥莱-勒-杜克重建，取代了立在耳堂交叉处的尖塔，旧尖塔在 1792 年因缺乏维护而倒塌。

布雷蒂尼、马西、维特里、弗雷纳、沙维尔、圣克卢、拉尼、图尔南和谢夫勒斯等地。

这位主教极力捍卫自己的财产和合法权利，自12世纪以来，许多司法冲突中都有他的身影。他紧跟农业发展的步伐，对商业也非常开放。自墨洛温王朝以来圣母院的前广场就被用作市场，尽管我们不知道圣母院的神职人员是如何与定居在附近犹太区的犹太人交往的，也不知道他们在1183年腓力二世颁布犹太人临时驱逐令中扮演了什么角色。主教的财产还有圣母院的教会，该教会管理自己的资产，在巴黎不仅拥有封地和固定租赁地产，还拥有房屋、市场摊位和债券。教士们还利用主教区后面的港口，可能位于现在的查诺因塞街（rue Chanoinesse）尽头，这样他们就可以到塞纳河的大支流去做生意（小支流是用来洗澡的）。1204年，他们还收购了大桥上的一个商业交易所，那里是兑换货币的场所。由于中世纪货币的使用范围较小，这个行业十分有必要，也对高利贷开放，不过有严格的控制。

圣母院的神学家们在货币借贷的问题上大体上与基督教的思想一致，并不反对这种做法；神职人员只关心如何界定合法的商业活动。1139年和1179年召开的第二届和第三届拉特兰会议（提出禁止放贷人举行圣礼，也不能葬在圣地。1213年巴黎会议期间，教廷使节罗贝尔·德·库尔松（Robert de Courson）批准了这项规定。不过情况较为复杂，因为这些放贷人也可以成为向教堂捐款的来源，特别是用于教堂的建设上。但是这样的捐款可以接受吗？用不义之财建造的建筑不应该被摧毁吗？这引起了神学家们的争论，他们回忆起一个臭名昭著的放贷者——蒂博·勒·里什（Thibaut le Riche），曾提议给莫里斯·德·苏利一大笔钱，以换取他对自己罪行的宽恕。如果不是著名神学家皮埃尔·勒·尚特的反对，这位主教就接受了。蒂博在全城宣布，他打算把多余的利息归还，并用剩下的钱建造大教堂。

上图

这幅15世纪的装饰画清楚地描绘了巴黎地区在圣母院建成时的经济扩张活动：巴黎主教为朗迪集市（Lendit Fair）祈福。朗迪集市是欧洲最大的博览会之一，在6月11日至24日在巴黎和圣但尼之间的圣但尼平原举行。

对页图

南耳堂和唱诗席的拐角。露台也是看台的屋顶，是13世纪初的样子。上面一层有玫瑰窗，位置高于采光窗户。

第 88—89 页图

到了 19 世纪，除了一些爪子和爪痕以外，中世纪奇兽已经所剩无几了。因此，维奥莱 - 勒 - 杜克重新创造了一群奇珍异兽，盘踞在墙面上。特别是奇兽走廊，上面既有真正的动物，如鹈鹕，也有半兽人这类神奇生物。它们挤在一起，有的倚在回栏上，有的悬在山墙的柱子上。大多数都有翅膀，动作夸张。

对页图

北塔楼细节。

13 世纪的复工

50 年来，西岱岛东区一直是一个巨大的建筑工地，干扰着巴黎人的生活。然而莫里斯・德・苏利在塞纳河南岸修建主宫医院的同时，还在圣母院南面修建了主教府。由于这两座建筑都在高卢罗马防御工事之外，主要的矿砂土是由木桩加固的。12 世纪的国王们曾在这里扩建宫殿——不论是西岱岛西区还是这座城市，都未能幸免。卡佩王朝的国王将这座城市设为首都，腓力二世开始修缮并美化这里。据说，由于街道泥泞不堪，散发恶臭，给他带来了不便，这位国王决定铺设道路，但只修了主街和主要十字路口。

最重要的是，他在 1190 年决定建造一座新的城墙围住这座城市，约占地 200 公顷（494 英亩）。他还大力发展尚波市场以保护商业。西岱岛现在只是这座城市的一部分，尽管它还是政治和宗教中心。

莫里斯・德・苏利的继任者们深刻地理解了圣母院的重要性。在 1220 至 1230 年间，人们发现了这座教堂的不足之处。特别是它的光线很差，因此对中殿进行了修复。一位精通最新型哥特式建筑技术的建筑师解决了这个问题：他用露台取代了看台的屋顶，这样可以省去第三层，并且大大扩大了原来第四层的窗户，把它们变成两扇雅致的尖头窗，上面有一扇玫瑰窗。他们拆除了 12 世纪的木制框架，重修了屋顶，改善了排水系统。教堂外部，塔楼由一条走廊连接起来，走廊里的石雕掩盖住了中殿的山墙。山墙、尖塔、内壁和外墙上都点缀着卷叶饰和尖顶饰。

巴黎主教纪尧姆・奥弗涅（Guillaume d'Auvergne，1238 至 1249 年在位，纪尧姆钟因他而得名）主要负责后来的修复工作，他也是著名的神学家，又名奥弗涅的威廉（William of Auvergne）。扩大耳堂的任务由建筑师让・德・谢勒负责，他还装饰了雕刻着圣母的北大门。1258 年让・德・谢勒去世后，皮埃尔・德蒙特勒（Pierre de Montreuil）负责修建南耳堂和雕刻圣斯德望的大门。德蒙特勒曾在圣礼拜堂为国王服务。圣礼拜堂修建于 1246 至 1248 年间，纪尧姆・奥弗涅得知了这座教堂，他是卡斯蒂耶之布朗谢王后（Queen Blanche of Castile）的忏悔神父。这

本页图
维奥莱 - 勒 - 杜克设计的滴水兽。

对页图
南塔楼上的奇兽。

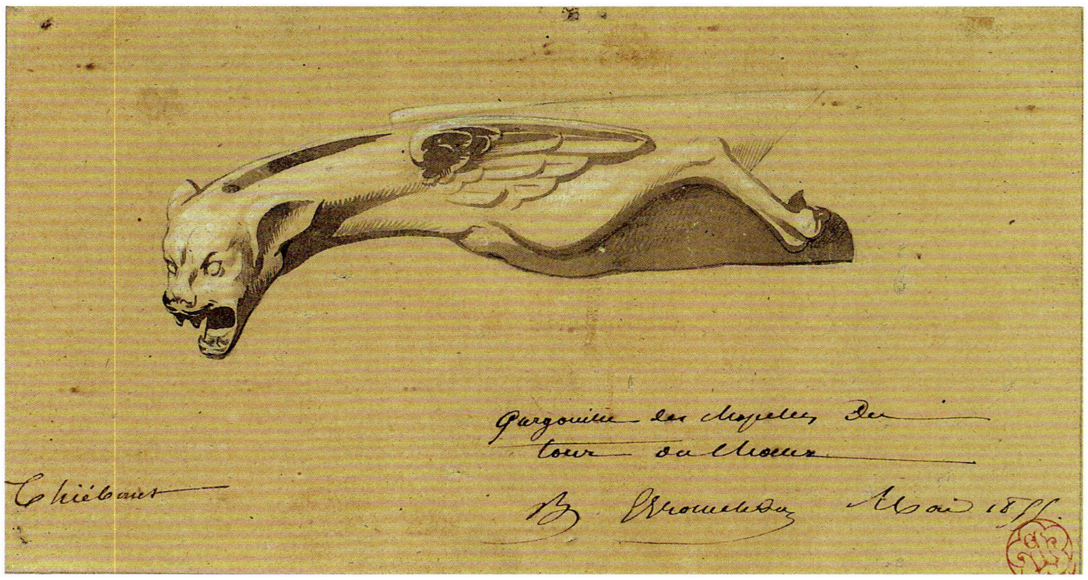

位建筑师还建了圣母院的红门（Porte Rouge），供教堂北面的教士们通行。13 世纪末皮埃尔·德·谢勒（Pierre de Chelles）接替了他的工作。最后，中殿和唱诗席一部分原始外墙被拆除，为礼拜堂腾出空间，并用建造飞扶壁来支撑。圆室的飞扶壁是成对设置的，看台的飞扶壁是单个的。圣母院内部空间似乎更大，但看台的存在使得它不够深。看台是先后由皮埃尔·德·谢勒和让·拉维建造的。1318 至 1344 年，让·拉维是主建筑师，他的侄子让·勒·布泰耶（Jean le Bouteiller）首先接替了他的工作，后来在 1359 年由雷蒙·迪·唐普勒（Raymond du Temple）接任。看台和回廊大约在 1370 年建成。

由此可知，维奥莱 - 勒 - 杜克从 19 世纪开始修复圣母院，将近 200 年后才彻底完成。

圣母院成为全欧洲“以法国风格”建造的哥特式教堂的典范。它的建成得益于主教们的系统化方针，他们想把自己的神学理念注入每一块砖石中。它也是出色的行政管理的产物，每一位主教——尤其是莫里斯·德·苏利，都是称职的监工。但是，如果这座城市没有同时成为卡佩王国的首都和西方最发达的大都市，圣母院和巴黎的结合是不会成功的，因为这里人口众多，其中还有许多知识分子。

圣母崇拜

教堂里约有 40 个圣母像，她的身影随处可见，有的是雕像，有的是窗户上的画像。她并不孤单，而是由圣人包围着。圣母指引他们向上帝求情，使人类获得救赎。人类虽然背负着原罪的污点，但也是自身失败的受害者。圣母院的外墙讲述了这个代祷的故事，以及中世纪的人如何能够通过祈祷和行善获得永恒的救赎。圣母也是上帝的母亲。在唱诗席的走廊里，她向信徒们展示应该如何纪念耶稣受难，他来到人间是为了救赎人类的罪孽。

从圣斯德望教堂到圣母院

巴黎的基督教会堂教堂原本是献给圣斯德望的。但是在 775 年，在解决这座教堂和圣但尼修道院之间的争端时（圣坦尼修道院大教堂在 10 世纪就已经成为巴黎乃至法国的宗教中心），国王查理曼（Charlemagne，或称查理大帝）称其为圣母院，没有提到圣斯德望和圣日耳曼。在这里，圣母院这个名字首次出现，圣母马利亚这个名字也首次登上教堂主保圣人名单榜首，后来成为教堂唯一的主保圣人。人们很长一段时间都认为圣母院只是一个独立于会堂教堂的墨洛温王朝教堂，是主教的私人教堂。然而，经过几次发掘，人们否定了这个假设，圣母院的原型是一座单一的教堂——会堂教堂。大约在 754 年，加洛林王朝初创时期，第一批教士到来，使人们开始信仰圣母马利亚（"我们的夫人"）。梅斯（Metz）的主教赫洛德冈（Chrodegang）制定了一项规定，要求他的教堂里的教士一起生活和祈祷，这项改革很快就传遍了加洛林帝国的所有教堂。神职人员建立起由教士组成的"教会"；标志着巴黎教堂的第一批教士的诞生，这个教会骄傲地珍藏着其建立的记忆。这些人员不是真正的修士，因为他们虽然必须住在教堂里，但是他们的私人住宅是由教士安排的。他们的集体生活包括背诵和歌唱日课经文，并认真学习和讲经。作为主教手下的教士，他们为其管理提供了宝贵的帮助。在 829 年，巴黎主教因乔杜斯（Inchoadus）向该教会赠予财产，成为其世俗财物和收入的基础；这种共有的收入来源是由教士管理的。此外，每位教士都得到相应的日课津贴。从精神层面看来，教士对圣母有一种特殊的信仰，这种信仰体现在他们的遗嘱里：确保在与圣母有关的节日里举行庆祝仪式。

第 94—95 页图
在 17 世纪，《圣母之死》（*Dormition of the Virgin*）放置在一块圆形浮雕上，位于在圆室北面。这座浮雕可能是 1320 年的，原本在唱诗席里。描绘的是使徒们得到了天使的事先告诫，围绕在圣母周围，她在升天前就已经睡着了。

第 97 页图
西墙上的圣安妮门。这些是圣母院最古老的雕塑，鼓室上圣母庄严地把婴儿耶稣抱在膝上。门楣上方和下方雕刻着圣母的生平，也致敬圣安妮的生平。门柱上的圣马塞尔（St Marcel）是若弗鲁瓦 - 德肖姆在 19 世纪修复的。

第 98—99 页图
《圣母之死》中描绘使徒的细节。

对页图

圣母院北面，圣母和圣子的雕像矗立在回廊的门柱上。这是唯一一座在大革命中幸存下来的大雕像，是皮埃尔·德·蒙特勒伊的作品，大约雕刻于13世纪。1820年，她左臂抱着的孩子被偷走了。圣母的王冠，动作和衣着使得她在穿过这扇门的教士面前显得无比高贵。

在12世纪，越来越多的人信仰圣母。圣母院建成时，修道思想依然盛行，尤其是熙笃会和白衣修士会奉行的思想，其中最著名的人物是圣伯尔纳铎。他十分崇拜圣母，并为她写了几首赞美诗。对他来说，圣母是《雅歌》中乘载爱的客体，她既是妻子，也是母亲。那些超越肉体的神秘感情只能对她表达出来。随着熙笃会在西方蓬勃发展，这一信条传播得越来越广。1150年有300多座修道院，为建立信奉圣母马利亚的教堂铺平了道路。同时，雅典爱情（尤指中世纪的一种文学传统，指骑士对贵妇人的忠贞但无结果的爱情）加深了对圣母马利亚的爱。游吟诗人在大街小巷唱着赞美上帝之妻的歌，她因受到雅典爱情的尊崇而难以接近。对这位女子的追求，对被禁止的女性肉欲的追求，和崇拜圣母背后的基调和要求是一样的。然而，圣母院的雕像表明人们对圣母的崇拜不仅仅局限于宫廷里，还蔓延到整个城市，从巴黎开始，行会和普通人也开始崇拜圣母。

中世纪晚期，人们对辉煌的12世纪的记忆仍历历在目，信徒们还在背诵着当时对圣母的祈祷词。因此，在1459年，研究诺曼人起源的法国编年史家、查理七世的秘书兼顾问诺埃尔·德·弗里博伊斯（Noël de Fribois）向君主进献了《法国编年史摘要》（*Abrégé des Chroniques de France*，一本法国编年史汇编）。在这本书里，他没有按照时间顺序叙述历史事件，而是列举了彼得·科米斯托（Peter Comestor）在12世纪写的《经院哲学史》（*Historia Scholastica*）中对圣母的赞美之词：

“噢，马利亚，你是伟大的，你既是童贞女又是天上母后，这是时间和文字都无法表达的。”

考虑到读者可能无法理解古文，他解释道，“时间和文字都无法表达”的意思是“这无法用文字记录，再多的时间也不足以说明”。

诺埃尔·德·弗里博伊斯接下来表达了他对圣母的赞美，这次是作为15世纪的男人：

“最神圣的圣母马利亚拥有最好的名字，这个名字不适合其他任何人。这个名字意味着她是童贞女，是上帝之母，她的名字无比尊贵。在这个世界上，不仅

第 103 页图
圆室北侧的浮雕，大约建造于1320 年。使徒们抬着圣母马利亚的棺材，棺材上盖着一块布，他们的情绪在悲伤和希望之间摇摆不定。

第 104—105 页图
耶稣的童年，耶稣在圣殿降生的场景精心雕刻在北耳堂或回廊大门的门楣上。圣母的形象被刻画得很细致，而且带有母性的风格。

是那些行走在苦难之谷的人，还有生活在永恒荣耀的人；不仅是人，还有天使，都敬畏她，因为她有特权。因为她是上帝之母，所以她从芸芸众生中脱颖而出。这是她比任何人都受尊敬的原因。”

他的灵感来自 13 世纪方济各会的哲学家圣博纳旺蒂尔（St Bonaventure）的著作。他对圣母的赞美诗展现了一种完整的延续性，圣母院的石头和玻璃上也有所体现。

从圣母与圣子到圣母与王冠

圣母马利亚的力量与神秘源于她既是丈夫的女儿，也是他的母亲。根据中世纪出现的一种信仰，她既是圣母，又是无罪成胎，因此被称为“无玷圣女”，尽管 1854 年才宣布“圣母无染原罪”的教义。教堂里各种各样的圣母像体现了这种复杂性：从圣安妮门上以罗马风格雕刻的圣母怀抱圣子的神圣姿态或玫瑰环绕着尊贵的圣母，到北耳堂门上圣母优雅地将圣子抱在膝上的雕像；从唱诗席回廊尽头的浅浮雕上描绘的基督受难时母亲的痛苦，到圣母门上刻画的耶稣为她加冕时的平静。中世纪的玻璃工匠和雕塑师用这些圣母像来诉说圣母的故事，这些故事并不是取自《福音书》，而是后来的书籍，尤其是《新约外传》；教会创始人，特别是圣奥思定的著作；《圣经》评论以及圣徒传记。13 世纪，多明我会的修士雅各·德·佛拉金（Jacobus de Voragine）写的《黄金传说》（*Legenda Aurea*）中，总结了这些不同观点，并回顾性地阐明了圣母院的福音。这本书主要内容是耶稣出生后马利亚保持童贞：“有五种证据表明她仍保持童贞。首先是以赛亚的预言‘看哪，必有童女怀孕……’第二个证据是象征性的，亚伦不需要人力就能挥舞起来的权杖和以西结永远关闭的门预示了这一点。第三个是约瑟见证了她的童贞。第四个证据是它的验证，当马利亚快要生产时，约瑟叫了两个接生婆，一个叫泽贝尔，另一个叫撒罗米约。他深信童女会生下上帝，但他只是遵循这个国家的习俗。泽贝尔给马利亚做检查，发现她是童女，随及惊呼童女生孩子了。然而撒罗米不相信，想要验证，这时她的手立刻干瘪萎缩了。但是，一个天使出现，吩咐她触摸孩子，她触摸了一下，手马上就恢复了。第

对页图

圣母的父母在金门会面，圣安妮知道她怀上了圣母，与无玷成胎说相符。圣母的礼拜仪式是圣安妮门上描绘的最精彩的部分。

五个证据是童女生子时罗马发生的奇迹。”

这座巴黎的大教堂以自己的方式促进了马利亚教义的发展。因为《福音书》里几乎没有提到圣母马利亚生活的细节，神学家们花了很大的力气才为她制作出家谱，她和耶稣一样，都是大卫王的后裔。她的父母，圣安妮和圣约阿希姆的几个生活细节雕刻在教堂里，尤其是在圣安妮门的鼓室上。这对夫妇因为无法生育被主教赶出寺庙，后来奇迹般地痊愈了。一位天使告诉圣约阿希姆，马利亚诞生了，他从流放地回来，在金门（Golden Gate）下找到了安妮。之后是马利亚和约瑟生活的场景。上层鼓室刻画的主题分别是：耶稣的诞生、圣母领报、马利亚拜访以利沙伯、圣诞节、牧人来拜，而诸圣婴孩殉道的场景在背景中若隐若现。希律王高大的身影俯视着身边的文士，想要弄清犹太人的王将出生在什么地方。在圣母院，他的希望落空了，因为他不能阻止上帝的计划实现。鼓室上雕刻着圣母马利亚坐在王座上，她头顶的华盖让人感受到她作为天上母后的庄严，她向世人展现了圣子。她的王冠和权杖非常精美，象征着她的童贞、荣耀和生命。她让道成肉身成为现实，圣母院便是她的成就的肯定。但是这些石像也告诉我们，圣母已经在另一个世界，那里有上帝之城——神圣的耶路撒冷，按照圣奥思定的说法，人类之城必须以此为蓝本。

8 月 15 日的圣母升天节是马利亚教派的主要节日之一，在这一天，人们在教堂里举行庄严的礼拜仪式以及特别的诵读仪式。然而，这引出了一个严重的神学问题，因为它直接关系到马利亚的死亡和复活，这种复活一般是在审判日肉体复活时才会发生的，因为马利亚不是神。那么我们如何解释圣母马利亚与耶稣，或许还包括圣约翰在内（圣母升天后，圣约翰随同圣母担任代祷者的角色），所拥有的这种不同寻常的权利？圣母门回答了这个问题，与 13 世纪早期的思想一致。先知们聚集在一起，宣布圣母马利亚的独特命运。他们守护着约柜，它预示着马利亚的坟墓将成为永恒生命的宝库。事实上，他们并不是看着马利亚死亡，而是看着她“安眠”，这是马利亚现世的关键时刻，使徒们奇迹般地重聚，天使们将她的身体带到耶稣面前，这本身就是一种宣告。在圣母升天的画面之后雕刻着她的加冕。

第 108 页图

1453 年，昂盖朗·卡尔东（Enguerrand Quarton）所绘的《圣母加冕》（*Le Couronnement de la Vierge*）清楚地展现了信仰的演变：在中世纪晚期，炼狱已经成为公众所接受的概念，与地狱、天堂和地狱边境齐名，人们相信活着的人的祈祷可以减轻那些身处炼狱之人的痛苦。在早两个世纪的时候，圣母院中早于这幅绘画创作的雕塑还没有考虑过炼狱的存在。

第 110—111 页图

西玫瑰窗，直径约 9.6 米（约 31.5 英尺），位于审判门上方，建成于 1220 年，在 19 世纪完成修复。三个同心圆通向中央的小圆窗，上面是圣母与圣子的画像。这些图案代表着十二个月的劳作和十二美德，黄道十二宫的标志及罪恶，最后是宣告耶稣降临的先知。

对页图

圣母门上雕刻着先知宣告耶稣降临。

加冕典礼的场面在圣母院里多次出现。天使或者耶稣亲自为马利亚加冕。这个主题实际上认可了圣母的荣耀和她在天庭中至高无上的地位。圣母院外墙上雕刻了天庭的元素，包括《旧约》中的大主教、使徒、殉道者、圣人、教廷高级神职人员，当然还有天堂里的天使和大天使。就像公民在公民社会要遵守等级制度服从于领主，所有人都必须服从统治他们的天上母后。为了上帝的荣耀，所有人都出现在她周围。

但是马利亚在中世纪末期重复出现的场景中也代表了教会，至少在神学家心目中是这样，因此教会才被视为“基督的新妇”。作为教会的首领，教宗可以说是以耶稣的名义直接对上帝负责的。这也是为什么在 13 世纪晚期，教宗意诺增爵三世（Innocent III）称自己为“耶稣在人世间的代理人”，而不是圣彼得的继任者。这一区别意义重大，因为教宗由此从世俗权力解放出来——由于这种等级制度的根基来源于上帝，主教、主教副手和教士的权力是层层递减的。这就可以理

解巴黎主教和他的教士为什么对这样的等级制度感兴趣了。圣母的加冕礼确立了教会的统治地位，赋予了圣母院及其高级神职人员存在的全部理由。

对页图

这里有魔鬼的各种形态：在中央大门处，一个浑身是毛，长着爪子和犄角的魔鬼，试图改变最后的审判中使用的天平，这样他就可以把被判有罪的人带到地狱去。

作为代祷人的圣母马利亚

当这种象征性的体系建立起来时，马利亚还不是所有社会阶层的保护神，即慈悲圣母，就像她在中世纪晚期那样；她也不是圣母怜子像中的圣母形象——抱着死去的儿子的母亲——用她的痛苦和哀痛感动着虔诚的信徒。这个主题开始只出现在唱诗席的回廊上雕刻的场面，大约比大门上的晚出现一个世纪。13 世纪早期，圣母主要作为代祷者的角色，祈求审判之神选择仁慈而不是严格的审判。当时社会普遍惧怕神的审判，这一点在中央大门处雕刻的画面中可以看出。那时情况十分严峻：一边是被拯救的人，另一边是被诅咒的。似乎只有圣母马利亚向审判之神的祈求能拯救他们。正如雅各・德・佛拉金所援引的，教士的梦体现了 13 世纪的人是如何想象这种代祷的。一位教士过着放荡的生活，他在睡梦中看到并听到了最后的审判时可能会发生的事情。耶稣会说："你自己决定这个人该受什么样的审判。我和他相处了很长一段时间，没有看到任何好转的迹象。"为了得到众人的认同，上帝会宣判——永远的诅咒。然而圣母会站起来对她的儿子说："我亲爱的儿子，我恳求你怜悯他。请减轻他的罪行，让他因我而活下来吧，尽管他自己的过错使他必死无疑。"耶稣答："我听从你的祈祷，若见他改正行为，就把他交给你。"然后圣母对那位教士说："去吧，若你不想有更糟糕的事降临到你头上，就不要再犯罪了。"这位教士改正了他的行为。

圣母门门柱上的原罪浮雕是莫里斯・德・苏利和继任者们绘制雕像方案的基础。这个原罪，是夏娃相貌美丽和不顺服的结果，导致了伊甸园的损失，必须由耶稣，即圣母马利亚的后代来救赎。魔鬼伪装成一个美丽淫荡的女人诱惑他们，她长着蛇尾和爪子一样的手。这是神职人员描绘的禁忌性爱的形象。

圣母院外墙上的雕塑没有留下任何空间让人相信有一个中间地带——炼狱，在生者和圣人的祈祷下，灵魂可以在那里找到出路。我们知道，人们从 12 世纪开始相信炼狱，但那时还不普遍。在圣母院大门的雕塑中，圣母马利亚没有领

导众人祈祷，也没有控制诸圣和功德宝库（Treasure House of Merits）。后来的世界的审判将在几世纪后进行。就目前而言，圣母基本上是独自祈祷的，信徒本人直接寻求她的代祷很重要。她主要同魔鬼打交道，将人类从最可怕的敌人手中拯救出来，这个敌人把他们带进地狱，让他们承受最痛苦的酷刑。魔鬼不会坐等死亡的来临。这个丑陋的形象一直存在，威胁着那些活着的忠实信徒。这就是“敌人的诱惑”，他们用诡计和喊叫来达到目的。有几个浮雕刻画了这些场面，最著名的是西奥菲勒斯（Theophilus）的奇迹，外墙和北耳堂的门上都有出现。这个故事广为流传。9世纪，保卢斯·迪亚科努（Paulus Diaconus）将其翻译成拉丁文，并把这个故事献给了查理二世。随后在11世纪，圣富尔贝尔（Fulbert of Chartres）在他的布道中使用了这个故事。不久后，在1260年，诗人吕特伯夫（Rutebeuf）创作了白话文戏剧《西奥菲勒斯的奇迹》（*The Miracle of Theophilus*），共有八个角色。故事发生在537年的西西里，一个名叫西奥菲勒斯的人是主教手下最忠诚的执事，在主教死后，人们一致选举他作为继任者。西奥菲勒斯是一个谦虚的人，拒绝了这个请求，他很乐意做一名执事，随时准备为新的主教服务。但新主教却虐待他，违背他的意愿将他逐出教会，他陷入了绝望。西奥菲勒斯再也无法忍受，他听从了一个犹太巫师的建议，他召唤魔鬼。魔鬼到来，立即向他提出了一个交易，如果他不再信仰耶稣和圣母马利亚，那么他将重新回到原来的位置。

上图
西奥菲勒斯的诱惑是圣母院常见图案，出现在北耳堂的门楣上，回廊里和大门处。有一个画面是西奥菲勒斯在犹太巫师面前膜拜魔鬼。

对页图
1460年左右，让·科隆布（Jean Colombe）为奥尔良的路易（Louis d'Orléan）写了《地狱的折磨》（*Tourments de l'enfer enluminés*）。火焰从未停止燃烧，滋生了人们对火焰的恐惧。

西奥菲勒斯答应了，他向魔鬼发誓，并与魔鬼签署了一份契约，用戒指把契约封印起来。他的愿望马上实现了，西奥菲勒斯重新得到了他的官职和荣誉。但他很快就意识到自己做了什么；他痛哭流涕地向圣母求助。一天晚上，圣母出现在他面前。她开始严厉地斥责西奥菲勒斯，然后命令他放弃信仰魔鬼，宣告耶稣是神的儿子。很快，西奥菲勒斯就得到了恩典。圣母宽恕了他，再一次出现在他

quod Comeditur
a tinea
Memento
quia ventus

对页图
恶毒的魔鬼藏在圣母门的角落里。

面前，归还他与魔鬼签署的契约，并把羊皮纸放在他的胸前，作为他获得解放的标志。然后，西奥菲勒斯自由地表达他的喜悦，而魔鬼则尖叫着跑开了！那些身为主教执事的教士们，怎能不在这个启发性的故事中反思自己呢？

信徒们经常看到圣母马利亚通过奇迹来彰显她的力量。西奥菲勒斯的故事只是众多奇迹中的一个；戈蒂埃·德·宽西（Gautier de Coincy）在1230年写的作品中提到了很多这样的事例，这部作品到中世纪晚期仍广受欢迎。在这本书中圣母被描绘成神和人之间的中保者（调解人），也是人和社会之间的中保者，他在社会中受到压迫。这位诗人谴责那些抢劫教堂的有权势者，行为放荡的高级教士，无能的医生，利用自己的技能骗取客户金钱的律师，愚蠢而贪婪的商人、放高利贷者和恶棍。这些人也被雕刻在圣母院里，在圣母周围，她释放了他们的不满，带给他们希望，告诉他们正义终将胜利。

创始圣人

在圣母马利亚旁边，还有一些圣人占据着特殊的位置，因为他们与圣母院和巴黎历史有联系。其中最重要的人是圣斯德望、圣但尼、圣马塞尔和圣热纳维耶芙。

正如我们所见，圣斯德望（新教中译为“圣司提反”），是圣母院第一位赞助人；除了圣母门上的雕像外，他生活中的主要事件也雕刻在南耳堂的门上。他是耶稣门徒任命的执事，其工作包括去犹太行省朱迪亚传教。他最初在一场公开辩论中遇到了犹太人，他们试图通过辩论说服他。但是圣灵赐给他雄辩的天赋。于是犹太人用假证据控诉他亵渎上帝，招致了一位天使对他们的警告。最后，他被石头掷打而亡，临死前，他不断地祈求耶稣说：“主啊，不要把这罪加在他们身上。

人们认为圣但尼是巴黎第一任主教，也是第一位宣讲基督教信仰的人。雅各·德·佛拉金这样描述他成功的传教工作：“他闪耀着神圣的光芒，每当祭司和信徒鼓动人们反对他，或人们拿起武器要杀死他时，他一出现，人们马上扑倒在他脚下，所有的气焰都消散了，或者带着极大的恐惧，从他面前逃走了。但是魔鬼看到了，非常嫉妒，因为他的崇拜者一天比一天少，去教堂礼拜的人一天比一天多。”接下来的事证明了魔鬼是对的，但尼主教被捕，开始遭受折磨。

但没能活活烧死他，野兽也不伤害他。最后罗马长官下令将他和他的两个同伴斩首，以此嘲讽三位一体。但尼主教的尸体立刻站了起来，在一位天使的指引下，他捡起自己的头，带到蒙马特尔，那里是埋葬他的地方。尽管阿伯拉尔对他有所批判，但在中世纪，圣但尼代表着三个不同的人：首先是巴黎主教，他在 2 世纪或 3 世纪殉道；其次是丢尼修（又称为亚略巴古的丢尼修，Dionysius the Areopagite），他通过圣保罗皈依基督教，在教宗克勉（Clement）的命令下，他和两个同伴斯蒂克斯（Rusticus）和埃留提利乌斯（Eleutherius）一同被送往高卢；最后是 5 世纪神秘的神学家伪丢尼修（Pseudo-Dionysius the Areopagite，借用“亚略巴古的丢尼修”之名发表了很多著作），写了很多重要作品，在加洛林王朝时期他的作品由希腊语翻译成拉丁语，其中包括《天阶体系》。这样的融合使巴黎成为基督教之父、神学之父和圣母院之父的故乡，他在书中写道，圣母院的建造是为了捕捉神圣之光。因此，将圣但尼雕刻在圣母院的大门上是非常合适的，而且他的部分头骨是保存在那里的遗迹之一。这也是主教和教士对圣但尼修道院行使权力的一种手段，他既是圣但尼修道院的主保圣人，也是卡佩国王的主保圣人。圣马塞尔死于 436 年，他是与圣母院联系最为紧密的一位巴黎主教，因为他的遗体保存在主祭坛后面。这些遗迹很可能是在 11 世纪和 12 世纪这座哥特式大教堂建造之前被带到这里的，大概是在名为“圣安东尼之火”（mal des ardents）的疾病暴发之后，这种病是由于麦角菌侵染黑麦引发的麦角碱中毒，会使人产生幻觉、剧痛和坏疽。圣母院有两座圣马塞尔的雕像，一座在圣安妮门的门柱上，一座在教堂的拱门上，这两座雕像并不是同一时期建造的。不过这两座雕像的灵感来自同一部圣人传记，这本传记是 6 世纪福图纳图斯（Fortunatus）应马塞尔的继任者圣日耳曼的要求写的。马塞尔出身卑微，当时中世纪早期的大多数主教都是贵族，他因一系列深入人心的奇迹而出名，比如他徒手拿烧红的铁块而不被灼伤，把塞纳河的水变成葡萄酒，这让人想起耶稣在迦拿的婚宴上施展的奇迹。因此他成了主教，也当上了教徒的守护者。他释放了囚犯，他们身上的锁链神奇地脱落了，还把魔鬼从那些被附身的人身上赶了出来。门柱上雕刻的是他最后一座伟大的雕像，在一场惊天动地的战斗中，他从一个吞食通奸

对页图

南边的门上雕刻着圣斯德望被一个罗马执事用石头砸死的场面。圣母院里保存着他殉道的石头作为遗物。

妇女尸体的凶猛怪物手中解放了比耶夫尔河谷右岸下游的沼泽地。圣马塞尔区保留了巴黎举办福音传道第一阶段时期的记忆，我们也在巴黎主教的就职仪式上找到了证据。据说许多圣人，包括教宗思维二世（Silvester II），圣母门上雕刻的圣人之一，已经打败了一只怪物，这只怪物是一条地上的蛇和一条海里的龙的后代。这种神秘生物既是魔鬼的化身，也是邪恶的化身。这个故事的寓意很清楚：多亏了圣人，基督教战胜了异教。可以证实这一点的是，巨龙死在马塞尔主教脚下，他的权杖从巨龙的喉咙里伸出来。他是无可争议的胜者，教士们肯定了他的力量。但是在传说中，圣马塞尔并没有真的杀死巨龙——他只是命令巨龙消失在大海中，圣母门上也刻画了这个场景。因此，它仍然是一个潜在的威胁，需要越来越多的游行队伍来避免危险。这就是祈祷的目的。巴黎人手持柳条编制的巨龙在圣母院旁游行，并把水果和蛋糕扔进它的嘴里安抚它。这条长着宽尾巴的龙是一种神物，同时也是一种善与恶的力量。因此，除了外墙上雕刻的教士们的理性解释外，仍然保留着一套受欢迎但又模糊的信仰，这也激起了当地的爱国情怀。

崇拜圣马塞尔与崇拜圣热纳维耶芙密不可分，她的雕像在圣母门上，位于圣斯德望和教宗思维一世（Silvester I）之间。关于圣热纳维耶芙的记载首次出现在她的生活记录中，是在她死后不久写成的，大约在 502 年。她的声望源于她在阿提拉领导的匈奴人入侵时保护了这座城市。与中世纪后声望逐渐消散的圣马塞尔不同，对圣热纳维耶芙的崇拜一直延续到法国大革命之后，有些人甚至把马恩河战役的胜利归功于她的干预。这位圣人的遗物由巴黎圣热纳维耶芙修道院小心翼翼地守护着，这座修道院建在塞纳河左岸十二使徒教堂附近，路易十五就是在这里决定建造先贤祠的。最初，世人崇拜圣热纳维耶芙与克洛维和克洛蒂尔德传播她的事迹有着紧密的联系，很快就得到了民众的支持。这在很大程度上是因为她总是比魔鬼更强大，并且有很强的治愈能力。12 世纪末，当莫里斯·德·苏利和圣母院的教士们建造大教堂时，以及图尔奈的斯蒂芬，也就是圣热纳维耶芙修道院院长正在恢复修道院的声望和权利时，一位圣热纳维耶芙修道院的教士收集了有关这位圣人的零散资料，并以她的名义用白话写了一首诗，供民众阅读。这说明巴黎市民已经把她当作他们的主保圣人了：

对页图

圣旦尼在巴黎布道，吸引了大批群众。在 14 世纪早期的启蒙阶段，他成为对抗邪恶的捍卫正义者，而这里雕刻的犹太学者含糊地代表了他试图感化的高卢罗马精英阶层，身后的教士们支持着他。

下图

这幅关于热纳维耶芙修道院人口统计的画体现了13世纪时人们是如何想象圣人参与建造这座著名的修道院的。修道院院长带领着他的教士们，祈祷她的帮助，但是他和巴黎圣母院的主教和教士一样，是有权势的地主，有许多收入来源可以用于建造。

对页图

圣母加冕浮雕的细节，由让·德·蒙特勒伊（Jean de Montreuil）在13世纪中叶建造，位于夏努安门的鼓室上。在中世纪末期，这一场景非常流行，圣母马利亚成为了基督加冕的教堂的象征，而主教则宣称自己是这一权力的代表。

“圣热纳维耶芙迎来了
掌握这座城市关键产业的好市民。
他们向她诉说着不幸，
但没有大声喊叫。
市民们说，尊贵的夫人，
这里的情况很糟糕。
我们没有肉吃，
也没有船能到达里，
我们因饥饿而死，在这里等死。
饥饿使我们混沌。
寻找食物的时候，
他们祈求怜悯和关怀。”

告诉你的圣子我是他的；
我可以通过他消除罪孽。
请宽恕我就像宽恕埃及人，
或西奥菲勒斯那样。
您将他赦免，宣告无罪，
即使他与魔鬼定下契约。
纯洁的圣母，请保护我。
圣礼在弥撒中举行，
我愿在这个信仰中活着和死去。

弗朗索瓦·维永（François Villon）

《祈祷圣母歌》（*Ballade pour prier Notre Dame*），1450 年

第 127 页图
比松在圣母院修复期间拍摄的圣母门，出自取自拉叙斯和维奥莱 - 勒 - 杜克 1843 年出版的《巴黎圣母院修复项目》。

对页图
14 世纪建造的圣母与圣子雕像，位于唱诗席中央的柱子上。原本属于圣艾尼昂的小教堂，这间教堂归巴黎圣母院的一个教会所有。这座西岱岛上的教堂里还保留了一些圣人遗物。

在 14 世纪，有一位教士，可能是前院长托马・伯努瓦（Thomas Benoist），将圣热纳维耶芙的生活记录写成散文，并增加了她死后发生的奇迹；一个世纪后，一部法国的神秘剧（又称奇迹剧，由礼拜剧发展而来）讲述了她所有的奇迹，其中还包括圣但尼的“角色”。这些不同版本的作品反映了她在整个中世纪的影响。

圣热纳维耶芙主要的奇迹是她治好了巴黎人的“圣安东尼之火”病，巴黎主教祈祷着，“他呻吟着、叹息着，仿佛一个人在忍受着民众的痛苦，祈祷圣洁的热纳维耶芙来帮助这座垂死的城市。”离圣母院广场不远的圣热纳维耶芙小教堂（Sainte Genevièvela-Petite）就是为了纪念这一事件而建立的。塞纳河决堤时，她也两次保护了巴黎人。在圣殿举行的游行支持了这个真正公共的宗教。从 1325 至 1409 年，她曾八次被人们簇拥于宗教游行的队伍中，1417 至 1437 年四次，1456 至 1469 年六次。1477 年，巴黎最高法院（Parlement de Paris）宣布，自此圣节应该成为一个庄严的公共节日，法庭和其他法院不应在那天开庭，就像在礼拜日那样。在游行中，病人会念出“最受祝福的圣女，我们的圣热纳维耶芙夫人”的祷文。这些游行产生了一种复杂的仪式，把圣母院和圣热纳维耶芙修道院紧密地联系在一起。巴黎主教和教士们带着圣马塞尔的圣物盒，将去取回圣热纳维耶芙的圣物盒。在圣徒教堂（Basilica of the Holy Apostles）举行简短的仪式后，圣热纳维耶芙修道院的教士也加入了游行队伍，他们回到圣母院，主教在圣殿里将两个圣物盒相对而放，为圣母举行还愿大弥撒。在巴黎主教庄重的就职典礼上，两位圣人以及两座教堂的结合也引起了强烈的反响。然而，这种结合也掩盖了这两个教会之间严重的竞争，而这些仪式的目的就是为了掩盖这种竞争。

当然，宗教情感的表达方式在 12 世纪末圣母院创始人所设计的圣像和追随至中世纪末的信徒之间发生了变化。但是这首圣母颂歌是中世纪时期最高成就之一。在 15 世纪早期，和大多数家庭一样，圣女贞德的母亲教她的女儿祈祷，其中包括《圣母经》和《天主经》。半个世纪后，巴黎作家弗朗索瓦・维永在他的诗歌《祈祷圣母歌》中重复了在圣母院的所见所闻，他当时可能在教堂里祈求救赎的恩典。

巴黎圣母院与教士

尽管中世纪的巴黎教区拥有重要的政治意义和众多的人口，但是巴黎主教仍从属于桑斯大主教，直到 1622 年巴黎主教才成为大主教。即便如此，巴黎主教仍是一个有权势的人物；但是，在圣母院里，他不得不与负责唱诗和维护教堂的 51 位教士分享很大一部分权力。

主教：强大的领主

主教宫殿有两层：一层是用来审判的，二层是用来召开教会会议或处理世俗事务的。东面有一座小礼拜堂，旁边有一座塔，象征着主教的权力，主教的房间就设在那里。一条走廊连接着主教宫殿和唱诗席，走廊周围是一座大花园。

主教的就职典礼在装饰华丽的教堂里举行，在典礼上他被赋予权力。唱诗席挂满了挂毯，钟也修好了，发出响亮的钟声。就职典礼有一个既定的仪式：新主教在就职之前不能进入该城市；如果他提前进入了，那必须是以私人身份，或乘船到西岱岛。典礼通常在周日举行，按照传统，新主教前一天晚上会在圣维克多修道院过夜，该修道院位于腓力二世建造的城墙之外。随后，他开始了自己的行进，向圣马塞尔和圣热纳维耶芙致敬。他骑着马——通常是白马——从城墙上的博尔代尔门（Porte Bordelle）进城，这扇门又名圣马塞尔门，位于塞纳河左岸东南方。他从这里前往圣热纳维耶芙修道院，一到那里，主教就穿上祭衣和罩袍，戴上主教冠，拿起主教权杖，以福音经文向圣热纳维耶芙修道院的教士起誓，他将维护他们的特权，然后歌唱《赞美颂》。接下来，为了表示臣服，教士们抬着他从圣热纳维耶芙列队行进至圣母院。教士、政府要员和民众跟随新主教来到位于圣母院街的圣热纳维耶芙小教堂。圣母院的教士们也穿着丝绸罩袍列队迎接他。接着新主教来到第二个门前——圣母院的大门上雕刻着最后的审判，在他宣誓维护教会的特权后，大门才打开。宣誓完毕便可从轿

第 130—131 页图
圣母门的拱门上，一位天使拿着香炉站在主教旁边，让人想起被选为救世者任职的宏大圣礼。

第 132 页图
这幅关于朗迪集市的画突出了主教的标志，尤其是他的权杖，体现出困扰教士们的经济问题和他们之间的竞争，特别是圣但尼修道院院长和巴黎主教的竞争。

第 133 页图
屏风的北墙，建于 14 世纪早期，用来隔开唱诗席中的教士和普通信徒。其彩绘和修复后的浮雕展示了各种雕塑鲜艳的色彩。它们讲述了基督的生平故事，从圣母探访、基督诞生、三贤朝拜开始，目的是教化信徒。底层是封闭拱廊。

第 134—135 页图
唱诗席北面的屏风上雕刻着“最后的晚餐”主题的浮雕，基督周围的使徒被视为高级教士的前身。这样的浮雕让信徒们感受到弥撒的牺牲和教士的威严。

左图

圣母院大门上还保留着原来的铰链，门上装饰着各种图案。在这幅图上可以看到，圣母门上的叶饰是东方风格。这些门是重要的宗教和政治象征。一个有罪之人只要轻轻触摸一下门环，就能得到保护，不受攻击者的伤害，无论攻击者是谁，由此享有庇护权。在中世纪后期，大门还用来张贴新闻公告。

对页图

哥特式唱诗席座椅在 18 世纪拆除，取而代之的是 114 个橡木座椅，其中有 52 个高的和 26 个矮的。座椅上雕刻着圣母的平日生活和象征美德的人物，这些圣像让人感受到庆祝礼拜活动的教士拥有强大的力量。

撵上下来，钟声响起代表着他成为新主教。在圣母院教长和唱诗班领唱的陪同下，他来到主祭坛，后面放着圣马塞尔的圣物。桑斯大主教任命他为主教，并请他“坐在上帝为汝准备的位置上”，在等级上他从属于大主教。随后新主教主持大弥撒并祝福教堂会众。在主教府举行盛大的宴会后，就职仪式正式结束。

就职仪式伴随着赠礼和许诺。主教向圣热纳维耶芙修道院和圣母院教士赠送礼物。对于教士们来说，赠品通常是一块金布，而忘记这件事的主教将面临被起诉的风险。新主教可能会给信徒赎罪券，也可能在就任时释放囚犯，就像奥尔良主教（Bishop of Orleans）和鲁昂大主教（Archbishop of Rouen）上任时那样。主教欢欢喜喜地入场，其间穿插着庆祝候选人地位改变的仪式：他通过各种阻碍（以门为代表），可被视为“牧羊人”（《约翰福音》第十章：1-10），有一天他会召唤所有羊群，带领它们去见天父。但是要成为好牧羊人，就需要圣热纳维耶芙修道院，特别是圣母院教会这样的媒介，他每天都要依靠这些媒介。

圣母院教会：强大的团体

圣母院是一座典型的大教堂：唱诗席里有教士，他们做礼拜工作，尤以其场面宏大闻名。和所有大教堂的教会一样，巴黎的教士要根据祷告时间从早到晚安排祷告。他们吟诵圣歌，举行大弥撒，组织游行。

教士的数量相当可观。从 13 到 15 世纪，教会有 51 名教士。但它并不是国内最大的教会，因为在 14 世纪拉昂教会有 82 名教士，兰斯有 72 名，马恩河畔沙隆和朗格勒有 80 名，然而它是最负盛名的教会。为首的是教长，是由教士选举出来的领导人，还有 7 位高官，包括 1 位唱诗班领唱，3 位主教，1 位唱诗班副领唱，1 位司铎和 1 位听悔僧。教士通常是由主教选定的，除了在圣母院旁边的圣艾尼昂教堂服务的两位教士，他们是按照创始人艾蒂安・德・加兰德的意愿由教会任命的——尽管教宗和国王干涉他们的任命。一旦发生冲突，这个案件将上交给巴黎最高法院，然而与主教相比，圣母院的教会享有很大的独立性，因为它直接听命于教宗。具体来说，教会有权力在不请示主教的情况下将教士逐出教会。所以，在 11 世纪中叶，教士们将违背诺言的骑士于格逐出教会。这位骑士的心已经“被魔鬼麻痹了”，他拒绝让步，最后被逐出教会而死。教士禁止他埋葬在圣地，直到他的家属同意支付所需的经济赔偿，他才得以下葬。

上图

由维奥莱 - 勒 - 杜克修复的读经台上的一个使徒青铜头像，和中世纪头像风格相符。

对页图

一位主教将圣饼从圣体匣上移开，准备做弥撒。这幅 15 世纪晚期的画出自雅克・勒格朗（Jacques Legrand）的《德行之书》（*Le livre de bonnes moeurs*），这本书在中世纪大受欢迎。作者描述了主教的职责，以及他们如何“纯洁而高尚地”生活。

圣母院教会拥有极其富有的财产。829 年，在圣斯德望教堂举行的会议上，因查德主教（Bishop Inchad）授予该教会大量地产。由于得到巴黎和其他地区的捐赠，他们的势力迅速扩张，因此其世俗权力也变得相当广泛。1134 年，艾蒂安・德・加兰德在左岸种上了葡萄树作为两个教士的基址，位置离主教的布

Saint iherosme en une sienne
espitre disoit que le prelatz ne
doibt point estre concubinaire
car son espouse cest leglise. Et pourtant
en droit canon il est deffendu que prelatz
ne tiennent femmes en leurs maisons
silz nestoint soubz aage & hors de suspectiõ

左图

这幅由杨·凡·艾克在 1436 年创作的油画展示了圣乔治在布鲁日的圣多拿提安大教堂向圣母引荐范·德·帕勒教士（Canon van der Paele）。圣乔治在油画左边。这位教士十分年迈，身穿白色法衣，带着一件毛皮披肩，在礼拜时放在膝盖上御寒。他手里拿着一副眼镜，在阅读《时祷书》和《圣经》时使用，体现了他深谙经文。

对页图

唱诗席南侧的屏风上的浮雕是用来纪念复活后向抹大拉的马利亚显圣的耶稣，还有三位马利亚、圣彼得、以马忤斯路上的门徒和其他使徒惊叹的场景。

吕诺葡萄园不远；路易六世放弃了对这片土地的管理权，将其捐赠给教会。主宫医院由该教会管理，最初由主教和教会共同管理，现在教会享有单独管理权，并负责维护。1168 年的一项法令规定，每一位教士在死后，应该给医院留下价值 20 苏（法国旧铜币）的床、床单及枕头。将大部分财产交给主宫医院可以让他们帮助更多病人。该教会在巴黎城外还有许多领地，包括奥利、夏特奈、巴涅、苏希、克雷泰伊、罗苏瓦以及韦尔芒杜瓦的其他地区。教士们每年都去几次举行巡回审判，或者把管理权交给市长。13 世纪末，教会遇到了严重的叛乱，尤其是在奥利和夏特奈，叛乱期间，村庄里的农奴要求获得自由。教士逮捕了叛乱头目，把他们关押在巴黎，之后花了一大笔钱才被放出来。

回廊位于圣母院东北侧，是教会的核心财产之一。在 911 年，查理三世授予其税收豁免权，甚至主教也只有在被邀请的情况下才去那里。在英法百年战争期间，主教得到了一把通往塞纳河的钥匙，只供他个人使用。回廊四周围着墙，

对页图

北唱诗席回廊里的雕塑，描绘了耶稣进入耶路撒冷的情景，说明了主教和教会的财富来自充满活力的年轻人口，并源于从森林中开垦出来的土地上收获的产物。

第144页图

西玫瑰窗上的彩绘玻璃描绘了温和的牧羊人，这里图片上是以西结先知。

里面有圣但尼迪帕斯（Saint-Denis-du-Pas）教堂、圣艾尼昂教堂、圣让-勒-朗洗礼堂，门前常有被遗弃的孩子，14世纪早期，里面还有37座教会房屋。还有一些在回廊外边，但所有的教士都在教士会礼堂会面。教士可以直接从回廊通过红门和回廊门进入圣母院。有几扇可进出教堂的门，在晚上牢牢关闭。从理论上讲，这些规定十分严格：在某些情况下，平信徒可以进去，但禁止女性出现在那里，须在一周内离开。规定禁止经营酒馆，禁止饲养熊、猴子、鹿和乌鸦等外来动物，禁止携带武器，也禁止辱骂。即便如此，这里并不太平，因为捣乱分子到这里来寻衅滋事，他们是不允许进入教堂的，所以可以在门外逍遥法外，不会受到院长和国王司法官的报复。作为司法机构，主教和教会过去长期参与决斗裁判，已不再急于在自己的领地上使用武力。在12世纪末，彼得·康托尔（Peter Cantor）讲述了主教和巴黎教会为了找到犯罪者，让农民在主教宫的庭院和教会的回廊里打架，而且教宗安日纳三世允许他们保留这一习俗。尽管在1260年圣路易下令禁止这一做法，决斗裁判似乎仍然存在，但人们常说斗争者的第一次打斗（也被称为coups-le-roi）是为了解决双方之间的问题，然后教会征收巨额罚款。

长久以来，虽然人们都这样描述教士们，但他们并不是没有受过良好教育的人。13至15世纪之间法国的教士都是这样，圣母院的情况也是如此，那里一半以上的教士受过大学教育，一些学的是文科，一些学的是法律。神学家的数量很少，不到16%，但圣母院的所有司铎，同时也是教会学校的教长，都拥有神学博士的头衔。原则上，圣母院和法国其他教会一样，教士必须是合法婚生的自由人，并且只有高级圣职才能接受任命，也就是说他们必须是副执事、执事或祭司，否则他们不能在唱诗席里有座位，也不能在教会里投票。实际上，圣母院教会总有一些教士还是低级教士、教士助手、读经人、看门人、驱魔员，或者仅仅是削发的修士。1363年，有34位教士是高级圣职，1370年有32位：其他的都得到了教宗的赦免权。艾蒂安·奥贝尔（Étienne Aubert）的情况就是如此，他于1328年被任命为圣母院的一名教士，又被教宗若望二十二世（John XXII）免除神职，但他还是在1352年成为教宗意诺增爵六世（Innocent VI）。皮埃尔·罗

每逢星期天和节日,你关心的人们就集体涌向教堂。他们穿着最好、最鲜艳的衣服，所以当你看到这些男男女女光鲜亮丽的模样，你非常自豪，因为他们把自己托付给你，而你，正是他们的主教。

德莫里斯·德·苏利，1200 年

歇·德·博福尔（Pierre Roger de Beaufort）也是如此，1340 年当他 11 岁时成为圣母院的教士。1370 年，他以额我略十一世（Gregory XI）的名号当选为教宗，并在当选时任命了一位祭司。许多教士（约 60%）在领取教会津贴的同时在巴黎或其他地区担任教区祭司；然而，根据神学家让·热尔松（Jean Gerson，同时也是巴黎大学的校长）在 15 世纪的评价来看，这并不一定是导致缺勤和人员管理不善的原因，他兼任圣母院司铎和圣让恩格雷夫（Saint-Jean-en-Grève）教区祭司，他既是一位传教士也是积极的改革者。一般来说，教士在圣母院任职 10 年后才能晋升：20% 的人成了主教，4% 的人成为大主教，这表明了巴黎圣母院的教士在教会高官中享有很高的威望。其他人在 60 岁左右退休。

教士是巴黎神职人员中的精英，他们极力捍卫自己的荣誉，以及圣母院和巴黎教区的荣誉，这一点从他们的衣着就可以看出来。他们不穿过于招摇的服装：对他们来说，毛皮和银线镶边的大衣，或穿在外面的宫廷礼服都不适合。即便在圣母院讲经时，也不在丝质罩袍里穿莫泽塔（披于法衣上的有头巾的披肩）。在唱诗席背诵《时祷书》和参加就职庆典时，他们也只穿一件法衣和一件披肩。

对页图
新哥特式风格的圣器室内部，由维奥莱 - 勒 - 杜克在 1850 年修复。

第 148—149 页图
圣器室里有彩绘装饰和专为教士们准备的座椅，清楚地展示了了中世纪时期的思想。墙上有 258 幅浮雕，画的是自圣彼得以来的所有教宗。其他房间里摆放着法国大革命后获得的珍贵物品。

圣母院的维护

大批神职人员被派到圣母院工作。附近的大修道院和一些教堂都派出了常驻代表，共有 6 名神职人员，他们都是终身教区神父。1235 年到 1330 年间，在祭坛和侧廊周围建立了 32 个小教堂，大约有 100 到 200 名教士为信徒提供服务。他们负责按照死者家属的安排为死者诵经，做弥撒和祈祷。其他神职人员协助他们履行这些职责。

一个很重要的下属团体负责维护教堂及其规章制度。管理员是为主教服务的管家，负责管理圆室，看管财宝、圣物和信徒的祭品。他照看礼拜用的祭衣和细麻布圣衣，并为仪式准备设备和书籍。他还监督教会所议定的工作，说明委托给他的资金的使用情况，以便维修屋顶、家具、钟等。教区执事协助他完成这项工作。圣母院的执事制度建立于 13 世纪初。当时执事队伍由 4 名神职人

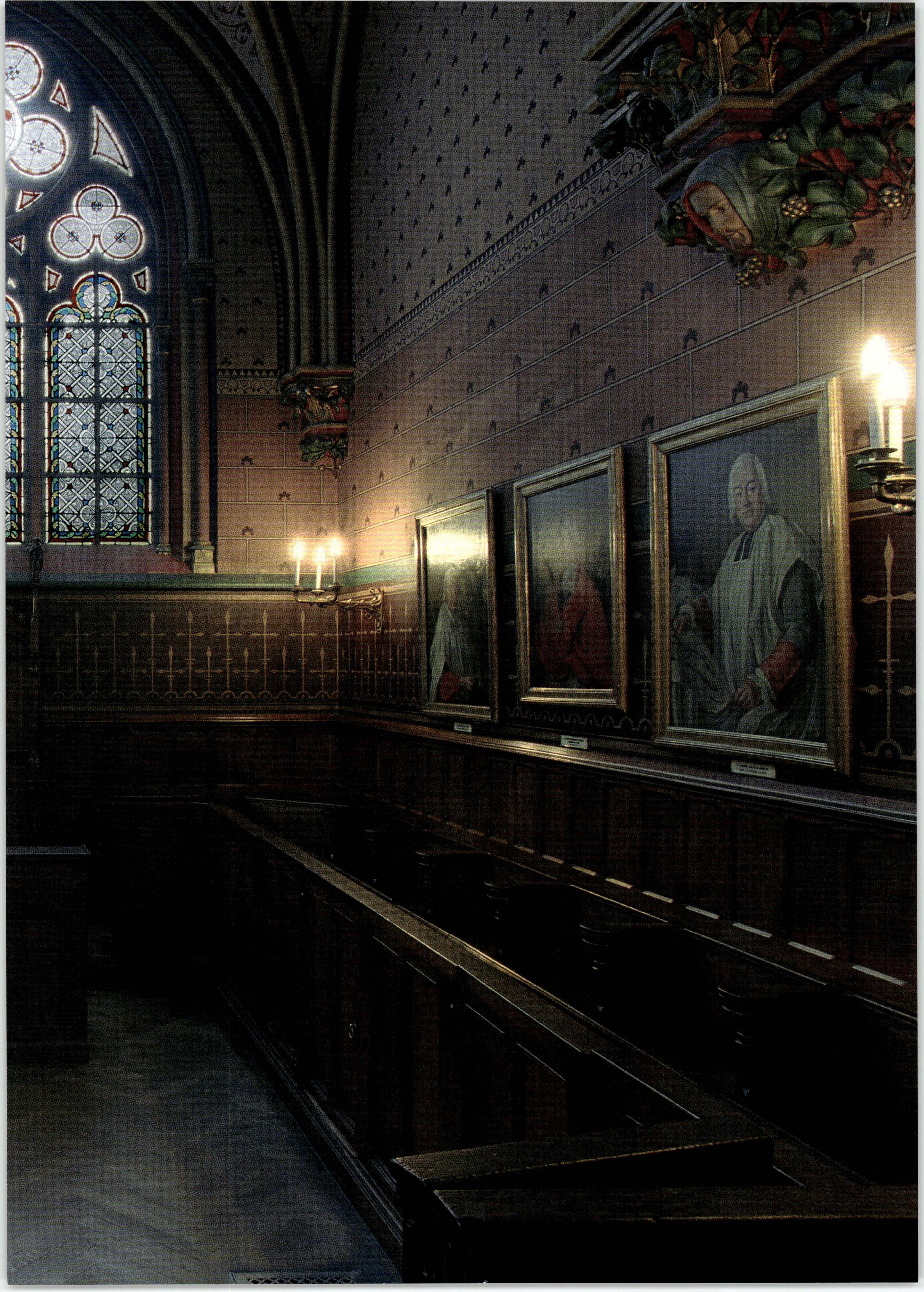

对页图

圣母门的一角雕刻着一位建造和维护中世纪教堂的工匠。

员和4名平信徒组成，但很快就只剩下4名平信徒，同时为主教和教会服务，这一点在上文提到过。他们要保证教堂的清洁，并专门负责照明，安装窗帘和帷布，敲钟和组织葬礼。

有11名庭吏负责圣母院的安全。他们负责开启和关闭教堂与回廊的门，协助处理某些事务和管理游行队伍；他们是圣母院内唯一允许携带武器的人，有时他们需要使用武器来维持秩序。小偷借助胶水把中殿募捐箱里的钱偷得一干二净，前院也是罪犯们最喜欢的地方。一位匿名作家提醒那些参观大教堂时天真地让别人带着自己到处走的人要小心。粗心的游客可能会遇到一个骗子向他介绍外墙上的国王，这样可以分散他的注意——“这个是丕平（Pepin），那个是夏尔马涅！”然后跑到他身后偷了他的钱包！小心是应该的，主要是因为当地人非常粗鲁而且有所准备，尤其是格拉蒂尼街（rue Glatigny）附近的朗德里门（Porte Landry）周围——那里有很多妓女，虽然理论上国王下令监督。在西岱岛边缘，由旧教堂的垃圾和残骸堆积而成的废墟之地（Motte aux Papelards）成了犯罪分子经常出没的地方。

圣母院教士间的冲突

教堂里掌权人的数量和随之而来的竞争造成主教和教士之间的诸多冲突。每个人都小心地保管自己的账户。用于圣母院一般支出的教会财产收入分为8个账户，用来支付8项不同的开支，由一名或多名教士保管。这些费用包括购买红酒和面包，为教士支付祷告和早祷的费用，以及用于有出席费的周年纪念活动。教会账户是最重要的，由担任财政官一年的教士管理，涉及管理参与宗教服务的工作人员和仆役的食宿分配。牛肉、猪肉或羊肉、家禽和蛋糕都严格分配，尽管这种分配逐渐被金钱所取代。教堂的建造工作结束后，中殿和唱诗席两侧的小教堂也开始投入使用，财政员们也开始参与维护圣母院和回廊里教会的房屋。这项工作并不轻松，虽然像购买钥匙、地毯和装饰品、彩绘雕像或修理读经台这样的小事没有任何困难，但铺设中殿和回廊的地板，修理钟架和钟或者在防水屋顶上铺铅板这类的工作可不简单。像这样的大型工作通常委托给雷蒙·迪·唐

普勒这样的专业建筑师，他从 1360 年开始管理教堂建筑和回廊近 40 年，同时担任国王的建筑师。教会每年任命两位教士管理共同基金，叫作圣母院慈善机构（œuvre Notre Dame）。然而，教会与主教在这里的特权产生了冲突。冲突主要围绕着教堂的照明，这是管理员的责任。照明用具种类繁多：油灯、牛油蜡烛、简单蜡烛、小蜡烛、大蜡烛、火把或者成串的蜡烛。一项 12 世纪通过的规定明确了它们的重要性：三位一体祭坛前必须点一根大蜡烛，圣母祭坛前必须点两根，在举行庆祝仪式的地方点 4 根大蜡烛，唱诗席点一根，礼拜书上必须用蜡烛照明。在重大的庆祝活动和节日期间，大蜡烛的数目增加了 3 到 4 倍，仪式主持人、教区执事、高官和教士根据严格规定的仪式收下蜡烛。人们对蜡烛的数量、重量和蜡油质量产生争议。根据规定，祭坛上的大蜡烛必须有一磅重，且由合适的蜡油制成，但是教会对蜡烛的质量不满，称它们是用廉价的蜡油制成的。相反，主教则要求教士为蜡烛的成本出一份钱。因此教士们在更换蜡烛的时候把剩下的部分拿出来，因为有一笔不小的利润可赚。一些蜡烛高 2.5 米（约 8 英尺），重 100 公斤（225 磅），但在低于 1 英尺时就必须更换，这时会剩下大量蜡油。在圣母院举行的葬礼上，竞争非常激烈，因为葬礼的仪式十分奢华。1379 年，在一位教士的葬礼上使用了 338 磅蜡烛，但只燃烧了一小部分，大约七分之一，剩下的则供人购买。

圣母院广场也是激烈竞争的主题。其竞争在艾蒂安·唐皮耶（Étienne Tempier）任主教期间（1268—1279 年）尤为激烈，他对教会自治极为不满。这一案件提交罗马教廷（Holy See）审理，教会胜诉，得到了广场的民事和刑事管辖权，蜡烛由主教管理。然而，教会还是设法了解到他的一个心腹偷蜡烛的事……蜡烛的利润比看上去要高：广场上的蜡烛交易十分活跃，因为教堂内禁止售卖蜡烛。

圣母院教会坚决捍卫自己的权利，反对主教和教区执事的要求，而且往往获得成功。到了 13 世纪下半叶，教会规范了教区执事的职权范围，他们宣誓效忠于教会。教会控制着丧葬物品的分配，只把抬死者进教堂时所使用的雕花床分配给教区执事，而给管理员一些装饰用品。1283 年，教会与主教签订一项协

对页图
圣母院过道里的烛光。这座耶稣受难十字架是拿破仑三世赠送的。

对页图
圣母院的高级教士们，就像这些站在圣斯德望门上的法官们一样，为自己的级别和地位感到自豪，因为他们是权力和威信的结合体。

第 156—157 页图
神职人员组织宗教生活，从圣安妮门上雕刻的圣母婚礼场景中可以看出，圣礼在教堂公开举行是信徒的榜样。

议，划分了管辖权、祭品和照明供应。尽管这一规定极为全面，但还是没能阻止为 1334 年 12 月 4 日在阿维尼翁去世的教宗若望二十二世举行的葬礼上爆发的暴力冲突。纪尧姆・德・沙纳克（Guillaume de Chanac）主教急于维护自己的权利，让仆人取下用于仪式的绸布，连同 124 个重达 4.5 公斤（10 磅）的蜡烛。和解如此难以达成，因此教士们将此事提交给巴黎最高法院，法院作出了对他们有利的裁决；但是主教拒绝归还蜡烛和绸布。最高法院威胁要对主教处以巨额罚款。王室法院的干预本来可以成为一个先例，但双方最终选择诉诸仲裁。1335 年 11 月 5 日，主教承认圣母院唱诗班成员及其全体人员不受他的管辖，与持相反意见的律师和检察官断绝关系，但保留了对圆室的管辖权。

诸圣婴孩的主教与愚人盛宴

高级教士的权力一直凌驾于年轻教士之上。和西方很多教堂一样，圣母院也曾有着一年一度的传统，但这种传统后来也已颠覆。相反，年轻的神职人员占了上风。圣母院的教士从唱诗班中选拔出一个年轻的节日祭司，他从 12 月 28 日的诸圣婴孩殉道庆日到 1 月 6 日的耶稣受割礼日一直候在主教身旁。圣母院的愚人盛宴最早可以追溯至 1198 年，当时应枢机主教卡普阿的彼得（Cardinal Peter of Capua）的要求，厄德・德・苏利主教不得不在 1 月 1 日对教堂进行改革。有文章谴责了这场被世人认为是渎神盛宴的过分行径，对礼拜仪式的拙劣模仿把游行变成了一场教堂外的喧闹狂欢："我们禁止出现韵律诗或戏剧性的表演……节日的领导者不可进入教堂，也不可在歌声的伴奏下打道回府。"但主教实际上接受了年轻的节日祭司在他身边，只要他听命于众教士："在唱诗席，他身穿罩袍，在副执事和教士们的协助下手拿指挥棒，在晚祷开始前吟诵赞美诗《Laetamur gaudiis》。若主教或教长不在场，抑或两人都不在场时，他将以应有的庄严秩序开始晚祷。"

那个被当局谴责又被当局承认的节日领导者是何许人也？是以《马太福音》中被希律王屠杀的殉难婴孩之名为称号的诸圣婴孩的主教吗？还是某些教堂里和诸圣婴孩主教相混淆的愚人的主教？文章表示，在圣母院，一个从唱诗班选

右图

一个傻瓜，手里拿着一个碗和一根棍子（这种棍子在后来成为宫廷小丑的代表物）照亮了14世纪祈祷书上的字母D。这些装备是对王室和主教权力象征的拙劣模仿。

对页图

一个忧郁得快要发疯的人。

出来的年轻人暂时取代了领唱，并因此指挥唱诗班。他的名号无关紧要：这是一个角色互换的时刻，我们可以假设，年轻的教士在布道时进行了拙劣的模仿，而造成整个教堂的闹剧。我们从其他证据中得知，神职人员在祭坛上吃东西、跳舞，在香炉里烧旧拖鞋，散发出难闻的气味！儿童合唱队坐上了最高的座位，等级和年龄制度完全颠倒了。然而，这种仪式并没有被禁止，而是在主教和教会的允许下继续进行，只要他们在场监督。直到1445年，巴黎神学院（Faculty of Theology）采取措施，愚人的盛宴这一节日才被禁止，并在16世纪完全消失。

这种仪式在某种程度上代表了戏剧的第一次出现。那些参与其中的人把大教堂当作舞台，把主教当作讽刺人物，这至少开始于12世纪建造圣母院时，甚至更早。礼拜仪式在向圣母院致敬的同时，有时也把它带到荒谬的极端。教会的等级制度也是如此，它受到激烈的挑战，甚至完全颠倒过来，所以在以后更容易被人接受。通过这种方式，节日祭司确保了圣母院现有的秩序，以及所有生活在基督教社会的不同年龄群体的地位和职责。

尽管相互竞争，但是圣母院的神职人员还是深刻意识到他们的登记和优先地位，并公开地通过仪式来证明这一点。巴黎圣母院的主教和教士在遗嘱中不断地提醒我们这种等级，在讣告中也有明确的证据。每个教士的印章上，名字旁边都印着“can. par”，意思是巴黎圣母院的教士。大教堂高级教士们的排场从平时的列队出行、节庆日的结队而行到贵族的葬礼上，就能看出一定端倪。在枢机主教后面列阵的是大教堂的全体教士，然后是大学的校长，在校长的左后方，巴黎大学的教员们紧随其后。接下来是其他机构，比如巴黎最高法院、审计法院以及巴黎其他机构的神职人员。这个顺序有任何改变都会导致冲突，1380 年 12 月 24 日，在国王查理五世的葬礼上，巴黎的教长于格·奥布里奥（Hugues Aubriot）差点为此牺牲了性命。他试图强行解决教士和巴黎大学之间关于由谁领导游行队伍从而更接近国王遗体（且有利于教会）的争端。

对页图

这位圣安妮门上雕刻的教士，穿着一件长袍，一件宽袖大斗篷，戴着一顶兜帽，这是修道士的衣着特征。

巴黎圣母院与信徒

虽然建造圣母院的目的一部分是为了教化信徒，但主要是颂扬上帝和他的教会，当然还有神职人员。神学家认为，平信徒无法完全体会到圣言（Divine Word）；然而，在 13 世纪到 15 世纪之间，巴黎的普通百姓可以自由出入大教堂。圣坛屏大约在 1370 年完成建造，是为了将神职人员与平信徒隔离开来。同时，过道上增加的礼拜堂增加了中殿的宽度，信徒们可以聚集在那里祈祷。因此，圣母院加强了巴黎人民的宗教感情。

第 163—164 页图
圣母院西墙的两座塔楼，高 69 米（约 226 英尺），高高耸立在城市中。

为教化神职而建的大教堂

除了负责管理大教堂事务的神职人员外，许多其他神职人员也经常光顾圣母院。随着城市和人口增长，教区的数量也在增加；然而，到了 14 世纪初，增长趋于稳定，那时巴黎的人口达到了顶峰。在当时巴黎是西部最大的城市，有 200 万人口。为了管理公民中众多的信徒，巴黎任命了大量神职，既有普通神职，也有执事，可能至少占总人口的 15%。因此教堂里有很多刚削发的年轻教士，在巴黎进修；到 1300 年已有 1 万名。教长是教会法定神职人员，因此也是圣母院教会神职人员，他负责给学生们打分，而该教会本身就享有授予教师执照的独家权力，即“licencia docendi”。

巴黎学校的学生和他们的老师享有相当大的自主权。13 世纪初，他们在巴黎大学的支持下成立了一个组织，1215 年罗贝尔·德·库尔松（Robert de Courson）认可了其章程，他曾是圣母院教士，后来成为教宗使节。1231 年，教宗额我略九世授予巴黎大学一些的特权，在名为《知识之母》（*Parensscientiarum*）的教宗训令中称其为“科学之母”，这样一来，巴黎大学就有权规定哪些书可以在巴黎学习。在异端邪说盛行的时期，尤其是清洁教兴起时，教宗急切地让巴黎树立严格的神学教学标准。亚里士多德作品中古典哲学的影响并没有完全被否定，但受到了控制。当时巴黎大学被分为 4 个学院，每个学院由一位院长领导：为 13 至 20 岁的本科生开设的人文学院（科学与文学）；最负盛名的神学院拥有博士学位的人很少，都是 40 多岁；医学院；以及只教授教会法律的法学院。学生们在文学院开始第一阶段的学习，这一点非常棘手。来自基督教世界的学生

们被分为不同“民族”。大多数学生在攻读文学学士学位后就不再继续深造，也不再继续攻读硕士或博士学位。然而一旦学生接触到哲学并进行逻辑论证时便会产生诸多分歧，而逻辑学正是导致经院哲学产生的推理和论证方法。除了《圣经》经文，他们还研究了亚里士多德的著作，包括《伦理学》和《政治学》。事实上，这座大教堂一直在石头上提醒着我们这一点：七门文科——语法、修辞和逻辑组成的三艺（Trivium），以及算术、几何、音乐和天文学组成的四术（Quadrivium）就雕刻在西墙上最后的审判大门的中心，耶稣布道立像下面的基座上。对于神职人员以及他们通过培训练来教育的普通人来说，来世是一个需要传授的概念，而这种传授是最基础的。不过圣母院并不是巴黎唯一的教育机构。在 13 世纪中叶，托钵修会的竞争非常激烈，特别是托马·阿基纳（Thomas Aquinas）领导的多明我会和博纳旺蒂尔领导的方济各会。与主教和教会相比，大学拥有相当大的自主权，校长的权力经常受到文学院院长的挑战。在 13 世纪艾蒂安·唐皮耶担任校长时，在资格授予的问题上与各院卷入了法律纠纷。在 1268 年成为主教后，艾蒂安·唐皮耶支持 1270 年和 1277 年宣布的判决，而反对艺术学院的教员和某些神学家对亚里士多德的解释。不过有几次，学生们毫不犹豫地罢课，以便让主教和国王的代表，即教务长听到他们的呼声。而在控制这群吵吵闹闹、有时还很无礼的学生时，教务长无疑遇到了很大的挑战。

为唱圣歌而建的大教堂

圣母院是为唱诗而设计的，这也是参与文科教学的另一种方式。教堂的巨大规模是为了迎合 12 世纪末发展起来的复调音乐（一种“多声部音乐”），当时圣

左图

这幅图片取自 14 世纪晚期巴黎一所大学的手稿，描述了学生们年轻的时候，这些神职人员受到严格的训练。严格的戒律约束着他们的生活，一切都在圣母的注视下。

对页图

圣安妮门上一位天使正举着双臂祈祷。信徒们可以站着祈祷，特别是在中殿里，也可以双手合十跪在礼拜堂里祈祷。

第 168—169 页图

13 世纪建造的耳堂南侧外墙（圣斯德望门的底座上刻有 1257 年的铭文，铭文上写着“maistre Johan”，这座外墙是由让·德谢勒（Jean de Chelles）在皮埃尔·德·蒙特勒伊设计的）。它那历史悠久的大门被拱形门所包围，拱尖指向直径 13 米的玫瑰，玫瑰夹在两根栏杆之间，最后一根栏杆上还挂着一朵稍稍凋谢的玫瑰。这是主教的荣耀，北面是夏努安门。

母院的神职人员想对服务进行改革，扩大弥撒和晚祷的影响力。一些乐曲是关于圣斯德望或圣但尼等圣人的纪念日，也有一些关于圣诞节，复活节和圣母升天节。两个、三个或四个声部的圣歌或奥加纳（素歌）是由圣母院首席作曲家创作的，他们在莱昂尼（Léonin）与裴罗定（Pérotin）的影响下建立了圣母学校，这两位作曲家为经文歌（一种短小的合唱音乐）铺平了道路，其旋律形式在西方世界闻名。在 13 世纪，各种各样的论著，尤其是让·德·加兰德（Jean de Garlande）在 1240 年写的著作，为这种新音乐奠定了理论基础。作者是艺术大师，精通音乐、诗歌和语法，他们利用修辞技巧，创造了以节奏、符号和风格为基础的音乐。他们完善了修饰配乐的技巧，尤其是通过重复的方式。在 1240 年，耳堂中一个用来伴奏合唱的小风琴换成了一个管风琴，后来在 1403 年由贝里公爵（Duc de Berry）捐赠的风琴所取代。那时，圣母院的唱诗班学校正处于鼎盛时期，为 14 世纪中期纪尧姆·德·马肖（Guillaume de Machaut）从兰斯大教堂带来的带到巴黎的"新艺术"风格的音乐做好了充分的准备。在神职人员中，只有技艺最精湛的名家才能尝试以这种新风格表演，但圣母院的教士却接受了必要的培训。他们在巴黎大学学习时掌握了拉丁语，还接受了记忆技巧的训练；他们主要掌握诗歌写作，这在当时的各个领域都很普遍，因为诗歌有助于记忆。

所以教士们既擅长唱歌，又擅长记忆，但这是为了什么呢？让·德·加兰德在他的论著《乐曲节拍》（*Measure in Music*）中解释道，让音乐变得更有吸引力，培养"听觉享受的声音之美"是很重要的。"声音之美"这个概念也与圣母院雕塑中显而易见的物质之美联系在一起。位于南耳堂的亚当和夏娃雕像，的确让人联想起失乐园，但与此同时，它们也象征着中世纪贵族世界所推崇的那种美：身体修长、线条纤细、皮肤白皙。

第 170—171 页图

审判门上刻有大量雕像。在门楣中央，耶稣出现在审判中，宣布世界末日的审判。与此同时，他是救世主，手上有受难时留下的圣痕。天使们展示着用于审判的工具（十字架、钉子、长矛），而戴王冠的圣母和圣约翰则跪在地上代祷。这是救赎的时刻。上层门楣中，圣米迦勒正在称量灵魂的重量，在第二道拱门的底部，一边是在亚伯拉罕怀抱里被选中拯救的人。另一边是被诅咒的人，他们马上就要下地狱。在下层门楣上，天使吹响号角，宣告肉身复活。门柱上是维奥莱 - 勒 - 杜克修复的耶稣头像。所传递的信息非常清楚。

对页图

在圣安妮之门上演奏维奥尔琴的人。通过演奏音乐，他制服了邪恶的力量。

第 174—175 页图

天使宣告复活和最后的审判，创造于 1220 至 1230 年间，保存在法国国家中世纪博物馆。

向普通人传达的神旨是什么呢?

圣母院传达给普通民众的要旨往往不那么容易理解。首先，我们不应该认为圣母院的雕塑是为了帮助传递其中的旨意而创作的。人们有时错误地认为,《月之劳动》(*Labours of the Months*) 描绘的农村活动是现实的例子，旨在通过描绘普通人的劳动来拉近上帝与他们的距离。的确，中世纪的巴黎到处都是花园，许多市民仍在这片土地上劳作；但教堂外墙和彩色玻璃上的《月之劳动》主要表达象征意义。根据神的旨意，时间是有周期性。教堂中山毛榉树叶、大蕉、水芹和白屈菜的图案不是为了反映现实，而是为了说明自然界的每一个细节都与上帝的计划相协调。柱头上的嫩芽预示着生命的复苏，为复活节做着准备。有人认为描绘这些图案只是为了他们自己，这种想法是一种误解。那么普通人能从这些图案中得到什么呢? 了解围绕着上帝的天界等级，从而区分炽天使、智天使、座天使、主天使、德天使、权天使、大天使和普通天使? 普通人知道上帝就是光，他们会看到葬礼仪式上点燃无数蜡烛。如果在下葬的那一刻蜡烛没有被吹灭，他们就会从中看到神的诅咒,代表着死者不能进入天堂。他们还害怕日食，因为日食会使世界失去光明，他们把日食与最邪恶的事情，例如瘟疫或劫持并夺去他人性命的盗贼相联系。教堂中的雕像排列有序，极具对称性，并且有着象征意义，有时甚至是深奥意义，人们能从中体会到什么呢? 旧约中的十二族长和十二先知反映出新约中的十二使徒。时间以一年十二个月来衡量，将人与律法的教

右图

1430 年的《罗昂时祷书》(*The Rohan Hours*) 中采摘葡萄的场景。这发生在天蝎座的星座之下，展示了十月份的劳动。

对页图

西玫瑰窗上描绘的水瓶座，周围其他黄道十二宫的星座。

第 178—179 页图

西芹茎植物纹饰和半鸟半人奇异雕像，展示了一种理想化自然中的物种形态。

义联系起来。以赛亚、以西结、但以理和耶利米四位先知映射了四位福音传教士——圣马太、圣马可、圣路加和圣约翰。《启示录》中的二十四位圣人正是十二先知和十二使徒。这一切都与中世纪象征主义中数字的作用密切相关，这种象征主义可以追溯到教会创始人对基督教最早提出的解释。圣奥思定解释说，数字十二是普世教会的基础，因为它是三乘以四的结果，三指三位一体，四指构成世界的四种元素。塞维利亚主教圣依西多禄在 7 世纪写了《民数记》(*Book of Numbers*)，他是中世纪思想家的权威人物，其作品产生了广泛的影响。当普通的巴黎人通过圣母门时，他们是否真的意识到他们的存在受到了数字七的支配？就像门上雕刻的七个年龄段的人那样，他们为了获得救赎，必须背诵主祷文的

对页图

圣母门侧壁上的月历。收割者磨镰刀代表着七月，属于狮子座。

左图

对于罗希尔·范·德·魏登（Rogier van der Weyden）所绘制的《七大圣礼祭坛画》，现在已经有了明确的定义：左边是洗礼、坚信礼和告解；右边是婚礼、授圣（神）职礼、临终涂油礼；中间是领圣餐仪式，这是从耶稣受难后自然而然开始的。

第 182—183 页图

中殿第一个四柱间的柱头，上面点缀着橡树叶。

对页图

13 世纪一位教士的头像，存于法国国家中世纪博物馆中。

第 186—187 页图

13 世纪圣纪尧姆小教堂的彩色玻璃。由巴黎屠户所捐赠，他们是巴黎最富有的行会之一，画面突出了他们的交易。

七段祈愿文并做七个圣礼。数字十二对他们来说意味着什么？他们有没有意识到十二星坐标志，圣母门上雕刻的十二个月的劳动，或者审判门上使徒脚下代表十二美德和十二恶习浮雕的重要性？

然而，巴黎的普通人确实拥有一些打开无形世界大门的钥匙。在中世纪的巴黎，基督教徒比人们想象的更熟悉数字的象征意义——有些小学校并不专门培养神职人员，在那里商人和工匠也接受数学训练，他们的数学技能往往代代相传。大多数巴黎人都知道主祷文，一些资产阶级甚至一些贵族都熟悉占星术和涉及复杂计算的预言，这些都是思考未来所必需的技能。此外，大学的神学家有责任确保没有人背离正确的教义，任何使用“魔法”的人都会受到严厉的惩罚。15 世纪初，当吉卜赛人来到巴黎时，人们蜂拥而至，去听他们的预言。一本由圣母院教士所写的日记保存了下来；他在日记中嘲笑国人的轻信，而主教则在布道中小心翼翼地提醒人们注意危险。他把那些看手相的人逐出教会，把吉卜赛人驱逐到蓬图瓦兹，并组织了一次忏悔游行。

巴黎人也用《时祷书》来祈祷。《时祷书》手稿大量印制，尽管它们并不总是精心制作的，而且有许多错误。也许这表明这本书的读者可以容忍这些错误，但也证明了它很受欢迎！其内容表明，神职人员使用相当简单的记忆技巧，如联想，来鼓励虔诚的平信徒。圣味增爵（St Vincent）保护葡萄树，因为他的名字里有“vin”（英语中的 wine）；圣克莱尔（St Clair）赋予人视觉，因此成了制镜师和制釉师的主保圣人；福音传教士圣约翰被扔进了一桶沸油中，因此制蜡人称他是他们的主保圣人……这些简单的信息与教堂里的雕塑所传达的教义相吻合：温柔与羔羊有关，耐心与牛有关，谦逊与鸽子有关，和平与橄榄树有关，等等。教区的管理方式也促进了圣礼的普及。值得注意的是，圣母院唱诗席围屏提醒了这一点：围屏的制作距离 1215 年举行的第四次拉特兰会议已经过去了将近 100 年，该会议仔细地规定了如何实施圣礼。每年复活节必须举行一次圣餐礼，基督徒必须在教区范围内生活，他们在那里受洗礼、举办婚礼和葬礼。教堂还教授了这些规则，有时是直接的，有时则通过寓言，是城镇居民祈祷活动的一部分。但不幸的是，这些活动仍然鲜为人知。

ALBERT DE GONDI
MARÉCHAL DE

团结在一起的信徒

从13世纪开始，整个西方基督教世界的信徒，无论神职人员还是平信徒都加入了社团或行会组织。中世纪末期，当鲁昂的人口达到4万时，有100多个这样的团体。巴黎行会组织的具体数量无从知晓，但在中世纪最后两个世纪，当巴黎人口超过10万时，有有超过150个社团。社团数量的激增，社团的社会重要性以及动摇社会秩序的能力都令当局感到不安。社团将男女老少聚集在一起，互帮互助，社交聚会，一起吃饭、祈祷并参加集体弥撒。入会费用来资助公共活动，并用于祭拜行会的主保圣人，行会通常将之供奉在一个小教堂中。这类社团的成员通常都是从事同一行业的人，他们的天赋巩固了行业内的团结，共同服务于维护教堂、举行弥撒，最重要的是为死者祈祷。一些行会在圣母院里建造了属于自己的礼拜堂。档案从圣巴斯弟盎会、圣奥思定会、圣克利斯品和圣克利斯毕兄弟会、心怀爱之火焰的圣母马利亚会，以及教士和法国公民的庇佑者马利亚会（1257—1729年）和毛毡工匠行会这样的组织中留存了下来。其中最著名的是隶属于金匠的圣安妮和圣马塞尔会，它最早出现于1449年的文献记载中。但几乎可以确定的是，它出现的时间应该更早，这个行会一直持续到1712年。在5月1日（后来演变为工人的节日），金匠们谱写了第一首“礼赞歌”，在五月为圣母献礼时伴奏，献礼是一棵装饰华丽的生命之树，摆放在主祭坛前。1481年，礼物被换成了一件金制品，在1630年换成了一幅油画。为这个节日而作的礼赞诗文则记录于行会的史册中。我们从教会的会议记录里得知，教士负责圣母院内的行会工作。偶尔也会发生一些琐碎的争执，比如在1422年，主教的秘书竟然没收了属于圣克利斯品和圣克利斯毕兄弟会的四支火把！

对页图
南回廊的一个附属礼拜堂，用整体式小柱装饰的簇柱分界。它和14世纪早期的其他礼拜堂一样，是为了私人祈祷而建造的，里面放着着圣物和供奉品，是富裕家庭、行会或市镇议会经常举行礼拜仪式、祈祷和弥撒的地方。

第191页图
这尊装点着圣母院南耳堂的亚当雕像，目前保存在中世纪博物馆。这尊雕像带有彩绘的痕迹。它修建于1260年，是自巴黎古代以来最早、最美丽的裸体雕像之一。

亚伯说：
该隐兄弟，我们是兄弟，
是第一个人类的儿子，
是亚当；我们的母亲有一个名字为夏娃；
我们要侍奉神，不可作恶。

让我们永远服从造上帝，
让我们为他服务，以赢得我们父母
因疯狂而失去的爱。
我们之间有坚定的爱。

让我们侍奉神，使他喜悦。
让我们毫无保留地把它还给他。
如果我们愿意听从他，
我们就不怕看到自己的灵魂死去。

让我们给他一切，
把所有的正义、原则、礼物和牺牲都给他；
如果我们的欲望被抓住了，
我们就会在地狱中失去救助。

《亚当的游戏》(*Le Jeu d'Adam*)，1150 至 1175 年

讲道，忏悔，品行端正

圣母院最重要的作用是在周日，教士会集中布道，而平信徒就站在教堂中殿附近，仍然可以听到教士的布道，但与他们是隔开的。遗憾的是没有描述这些事件的平信徒书面证据，就像意大利教廷中保存的那些。但是一些神职人员，特别是大学的神学学生，做了笔记，经常把它们抄写成手稿。加上宗教节日，巴黎的普通百姓一年可以参加 100 次布道。有时布道会在上午开始，下午重新开始，有些布道只针对神职人员，有些则面向普通民众。在 13 世纪，布道的形式得到发展和完善。布道者不再局限于用一种熟悉的方式谈论当天的经文。他会从礼拜仪式的经文中选择一个主题，然后发表评论。经文是用拉丁文写的，而他们通常用白话评论。从引言到结语，一切都是为了吸引会众。巴黎主教奥弗涅的威廉是一位著名的传道者和神学家，他在论著中指出，布道中不应有注释。布道者应直接讲故事或打比方。打比方所用的意象可以是《圣经》中的著名物品，例如蜂蜜、油、小麦、香膏、熏香、宝石和金属。巴黎的主教甚至说，应该把传道者看作“一个必须拥抱教众灵魂的丈夫，这样教众才会同意通过这种爱的拥抱成为善行的家长”。讲道必须符合会众的需要，因为并不是所有的信徒都有相同的知识或理解力。向农民传教的方式不应该和向骑士、商人或妓女的方式一样。这样做的目的是让每个人都能尽可能地了解感官之外的精神世界，并牢记于心。布道的主题表明，意象在向信徒传达正确信息方面发挥了重要作用。与普遍的看法相反，恐惧并不是圣母院宗教教义的基础。地狱的可怕形象被永生的希

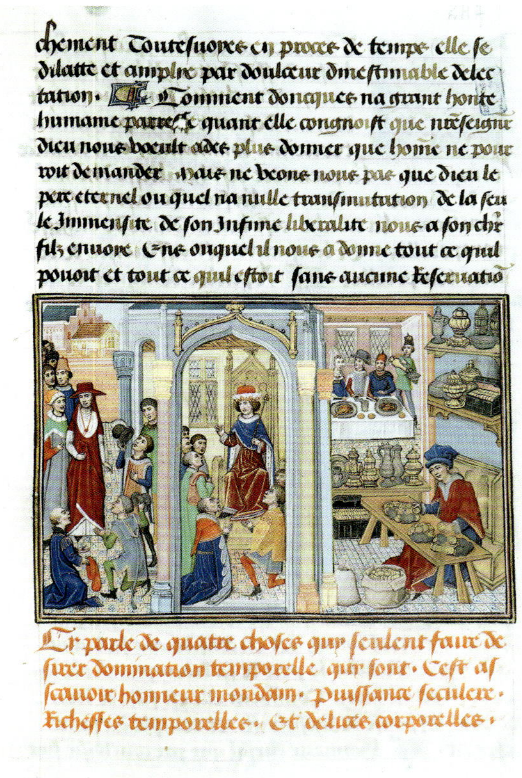

对页图

《基督的洗礼》(*The Baptism of Christ*)，雕刻在唱诗席北面的屏风上，从旁边的礼拜堂里可以清楚地看到。它以图画的形式呈现圣经故事，与《福音书》的内容完全吻合。

左图

这幅 1462 年的画描绘了让·热尔松的一面镜子，讲述了一个神职人员必须如何布道，以对抗威胁人类的罪恶，尤其是贪婪。

上图
中央大门上雕刻的罪行。骄傲表现为一个人从烈马上摔下来。

对页图
中央大门上雕刻的罪行。绝望表现为一个女人用剑刺向自己。

望和亚伯拉罕的怀抱所抵消。就像审判门的门楣上所描绘的那样，亚伯拉罕把被选中的人抱在怀里。事实上，大门上的雕像都是仔细斟酌过的，我们可以确信，巴黎的信徒们理解它的意义。举个例子，诗人维永的母亲说，她虽然承认她害怕地狱，"那里的人都被煮熟了"，但她也宣称天堂让她"快乐和欢欣"。魔鬼的力量被限制了。或者看看一些关于西奥菲勒斯的传说，都是传教士重新讲述的好例子。他们讲述了魔鬼如何折磨那些崇拜他的人。的确，中世纪的罪人可以通过在集市上偷窃布匹和钱财而致富，而且一旦被抓起来，魔鬼就可以把他们从地狱里救出来——直到他抛弃他们的那一天。最糟的在于，正是魔鬼让这些人走上了绞刑架！不过总而言之，布道者们最为看重的还是信徒的善意，以及他们是否具有忏悔的意愿。在这方面，巴黎圣母院也遵循了第四届拉特兰会议的指导，在每年复活节圣餐前都会让信徒忏悔一次。公开的忏悔行为没有被忽视，忏悔仪式在教堂前的广场上庄严地举行。这与当众谢罪有着密切的联系：无人陪伴的基督徒穿着忏悔服，不穿鞋、不系腰带，并当众下跪，向他冒犯的人乞求宽恕。进行个人忏悔的人数也在增加，因为个人忏悔被视为有助于救赎。每个男人或女人都可能受到诱惑，但也会悔过。鉴于此，有必要教导人们区分善与恶、恶行与美德。重要的是要让信徒们知道什么是基督徒的生活，让他们拥有良好的声誉和并与人"诚实地交谈"。这种教导首先表明了面对邪恶时个人责任的本质：渐渐地，人们越来越难以相信一个亲戚能够弥补他或她的家人所犯下的恶。报复行为是必被拒斥的。儿子不应对父亲犯下的罪行负责，反之亦然。有一个故事深受巴黎传教士的喜爱，讲的是在地狱里，一对父子像狗一样互相殴打、撕咬，甚至在火焰的折磨下也互相诅咒，因为他们彼此都使对方不快乐。要避开陷阱，它们是各种各样的罪恶。审判门上的门楣和彩绘玻璃谴责了这些罪行：以崇拜偶像的形式亵渎神灵，

因绝望而自杀对中世纪的人来说是最为骇人的一种罪，还有贪婪、骄傲或愤怒。然而，根据耶稣受难的教义，中世纪的人们相信上帝会赦免他们所有的罪。信徒们聚集在圣坛屏上描绘的耶稣受难像前，他们可以看到天使拿着耶稣受刑的工具——铁钉、长矛和十字架。布道者说，圣人的美德和圣母的代祷，都在帮助那些能够背诵《圣母经》的罪人，从而增加了他们得到救赎的希望。

对页图

这幅画是由让·富凯在1460年所作，以圣母院内部为背景，描绘了卡瓦永主教圣韦兰（St Veran）举行驱魔仪式，后面是教堂北侧过道。

第198—199页图

管风琴的风笛遮住了西玫瑰窗的一部分，但是它们连同无数个比例完美的小柱子一起，赋予教堂宏伟的风格，就像某种虚拟的森林。

民众的参与有多大程度是自发的

圣母院的宗教活动是严格组织的，因此人们可能会得出这样的结论：自发参与的机会很小。然而，圣母院的中殿会回荡着来来往往的人群的喧闹声。这里有两个人对着圣物发誓，要互相帮助、互相信任，或许是为了改善他们的生意，因为签订商业合同必须有一个庄严的誓言。那里有一个罪犯正在被他打伤的人或看守追赶，他在大教堂的神圣范围内寻求庇护。他一踏进大教堂大门，就得到了庇护。他必须待在那里，直到罪犯和受害者的家属达成谅解，这可能需要几天甚至几周的时间，这取决于罪行的严重程度。有些人在过道里踱来踱去，看上去有点可疑。小偷和抢劫犯会毫不犹豫地在圣母院广场活动，他们的不诚实行为甚至会蔓延到大教堂本身，如下面的事件所示。1412年，一个盲人立于唱诗席的边上，他经常在那里乞讨以养活自己和妻子。他为人所知，并以“上帝的可怜人”之名在官方授权下乞讨，他拥有自己的一席之地。然而，一个身强力壮、无家可归的乞丐出现在那里，官方记录称他为“游民”。他曾多次利用盲人的残障，偷走他乞讨而得的布施物。有人通知了圣母院，这个游民最终被关进了沙特莱监狱。几乎可以肯定的是，在忠实信徒的认可下，教堂会对非法闯入者采取行动。

圣母院也是发布信息的地方，人们在这里讨论、协商和交换消息。人们会谈论教堂门上贴的告示。在布道中也会宣布其他消息，因为圣母院同时也是一些市民的教区教堂。教士大声宣读被逐出教会人员的名单，这让他们和他们的家人都感到羞耻。被逐出教会的人数非常多，甚至包括拖欠债务的人。圣母院里人满为患，在布道期间，主持礼拜的教士很难让会众保持安静。看守也很难

liosi cõfessoris Verani solẽnia celebrent venerates cũ sũma leti

维持秩序。很多动物，例如猫、狗甚至猪只得被赶出教堂。但信徒们在教堂广场外面，在卖猪油、书籍和蜡烛的摊位之间享受着最大的自由。很长一段时间，人们都认为这里演出过奇迹剧。不过，没有证据能够证明这一点，这个故事很可能是19世纪的学者编造的。事实上，这个广场太小了，容不下大量的人群。的确，在中世纪末期，以神迹为主题的戏剧变得越来越普遍，特别是有了行会组织的赞助，例如耶稣受难会，或皮革工人行会，他们为了纪念行会的主保圣人圣克利斯品和圣克利斯毕兄弟而创作神秘剧。然而，大多数戏剧，如法学院院长厄斯塔什·马尔卡代（Eustache Marcadé）在1440年写的《我们主的复仇之谜》（*Mystery of Our Lord's Revenge*）和阿努尔·格雷邦（Arnoul Gréban）写的《使徒行传》（*Mystery of the Acts of the Apostles*），都是由神职人员创作的。格雷邦文学硕士，于1458年获得学士学位，成为圣母院的风琴手和语法大师，他还在1451至1456年担任唱诗班的指挥。神秘剧可能极其暴力，其特点是人物形象十分粗俗。在剧中，有权势的人——法官、丈夫、教士、教长经常受到嘲弄。但是，值得注意的是，教堂里没有这种情况，这种对正常秩序的颠覆，强化了教堂内部意象中所象征的等级制度。在表演中，表演者画了一个“魔法”圈，让观众在精神上更接近上帝和他的圣徒，暂时忘记了疾病、战争和其他问题。

至于普通人，我们可能永远不会知道他们在圣母院所扮演的角色。这座教堂最初是为了训练神职人员和培养他们成为教师而建造的：鼓室里描绘的罪行清楚地表明了这一点。叛乱被描绘成一个人背叛他的主教，无常被描绘成一个和僧人逃离他的修道院。女人经常被看作诱惑者，虽然愤怒被描绘成女人殴打修道士，粗暴描绘为女人撞倒男仆，贪婪表现为女人小心翼翼地守护着一个箱子。一个喝醉的男人和一个喝醉的女人吵架，醉酒是女人最恶劣的行为。圣母院里道德教育中使用的形象往往忽略了女性的一切道德品质，尽管中世纪后期的文章描述她们勤勉地参加礼拜，而男性据说在酒馆里浪费时间。

对页图

这位天使守护着北耳堂，提醒着那些走在通往世界尽头的回廊教士们，提醒他们需要得到救赎，同时鼓励他们履行自己的职责。

巴黎圣母院与
法兰西王国

主教和教士在政治事务中发挥了关键作用，圣母院本身对当权者来说就是一个具有重要象征意义的地方。到了中世纪末期，它已经成为法兰西王国的试金石。由于社会地位以及任命方式，巴黎的主教和教士处于政治事务的中心。实际上，从 13 世纪开始，他们就与国王和贵族紧密联系在一起，当时巴黎正发展成为一个权力日益集中的国家的首都。一系列事件促进了政治进入神职人员的生活——1337 年至 1453 年的英法百年战争引发了 15 世纪初阿马尼亚克派和勃艮第派的内战；1420 年至 1436 年，英国人占领了巴黎；在教会内部，1378 年至 1418 年，基督教世界发生了大分裂。

对页图
审判门上的拱门，在那里所有的国王和教士都转身面向启示的基督。

第 202—203 页图
以色列和犹大国王的头像，现陈列在法国国家中世纪博物馆。这里没有法兰西国王的头像，但他们被视为榜样和权力的来源。

夹在教会和政府间的圣母院教士

然而，神职人员和政治之间的联系主要是组织上的，与神职人员成为教会的教长和主教的方式有关。巴黎圣母院教士的社会阶层并不总是那么容易追溯：在 14 世纪，只有不到一半的教士来自贵族家庭，有些来自卑微的家庭。为了生存，几乎所有的巴黎教士都需要与赞助人建立关系网络，其中包括枢机主教、王侯，有时甚至包括教宗本人，这可以帮助他们晋升。在 14 世纪上半叶，超过 15% 的财富来自利穆赞地区，在此期间，克勉六世、意诺增爵六世和额我略十一世这三位来自那里的教宗坐上了教宗宝座；正如我们所见，这三位教宗中有两位曾是圣母院的教士。在大分裂时期，不讲法国南部语言的教宗统治阿维尼翁，巴黎的教士往往来自北部，而该教会的成员大多是热纳瓦的罗贝尔（Robert of Geneva），也就是后来的克勉七世的门徒和亲属。尽管如此，巴黎圣母院的大多数教士都讲皮卡第或巴黎大区的北方方言，也懂得巴黎现行的语言。这与当时的思想家们所倡导的原则是一致的，他们希望看到教士们“在信徒的国家里出生和成长”而不是“穿着人类服装的散漫的家养动物或来自利摩日、奥弗涅和阿基坦的目不识丁的驴子，甚至都不会说被他们统治的人的语言”。

与国王有联系的几个贵族或贵族家庭，像最初来自诺曼底的小贵族马里尼（Marigny）家族，以向圣母院输送教士而闻名。14 世纪初，昂盖朗·德·马里尼（Enguerrand de Marigny）、腓力四世的顾问让·皮埃尔和罗贝尔都是该教会的教士。多尔曼家族（Dormans）也是小贵族，起源于布里，在 14 世纪中叶有着同样重要的地位。让·德·多耳曼（Jean de Dormans）于 1350 年被任命为巴黎的教士，1358 年成为主教，1363 年成为枢机主教。自从他成为巴黎最高法院院长和后来的法国总理后，就一直在为国王服务。然后他任命他的四个侄子为圣母院的教士：其中，贝尔纳（Bernard）不再担任教士，进入部队，但其余三个继续为教会和政府服务。接着，他们让自己姐妹的儿子成为教会成员。家庭关系在教会中变得十分重要，甚至更为重要，因为多尔曼家族与另一个有影响力的家族——奥热蒙家族（Orgemonts）有关系。查理五世的大臣的长子皮埃尔·德奥热蒙（Pierre d'Orgemont）是巴黎最高法院的议员，在 1384 年 1 月成为主教之前，担任审计院主席。在 1380 年到 1388 年之间，他的名字经常出现在王室特许状的末尾，这表明他在政治上非常活跃。主教和教士实际上成了国家的公务员。他们为国王出谋划策，在朝廷中担任要职。然而，这并不意味着他们总是顺从。他们监督君主，为了防止出现暴政：事实上，圣母院的雕像可以看作一个悠久的政治传统的一部分，在这个传统中，教会绘制了一幅理想国王的画像。一些高级教士毅然决然地

对页图

对神职人员来说，中世纪是一个教堂钟声鸣响的时代。但王宫的时钟则是 1370 年依照王室命令在巴黎设置的，宗教和世俗精英阶层很快就开始习惯时钟的存在。大教堂的时钟是维奥莱-勒-杜克修复的，它反映了中世纪末期人们对精确时间的偏好。

左图

这幅 15 世纪的画描绘了让·热尔松在那里布道耶稣受难。他的听众来自不同的社会背景，有些人坐着，但大多数站着。热尔松还去王宫里布道。

COLLIN
WAGNER
1864

对页图

唱诗席北侧的屏风上雕刻着屠杀婴儿的血腥场面。它可以解读为传递给国王的政治信息。希律王是典型的暴君，就像传说中的食人魔一样，杀死婴儿，禁止人们生育，导致社会无法繁衍。

表达了他们的观点，他们希望改革国家，就像他们希望改革教会一样。让·热尔松就是一个例子，他在查理六世统治时期（1380—1422 年）统治了宗教、文化和政治生活。让·热尔松本名让·沙利耶·德·热尔松（Jean Charlier de Gerson），因其出生（1363 年）的地方被称为热尔松而得名。他是一个农民家庭的长子，家里有 12 个孩子。他从父母那里受到了第一次宗教方面的教育，后来他的才能引起了兰斯的圣雷米吉乌斯（Saint Remigius）主教的注意，这位主教把他送到纳华尔大学（College of Navarre）学习。他获得了文学硕士学位，拥有教授哲学和人文学科的资格，在 1392 年成为神学博士和特聘教授。他在尚波布里任祭司，是布鲁日的圣多纳蒂安（Saint Donatian）教会的教士，后来成为教长。他在 1395 年成为大学校长。他的目标是改革大学和教会，进一步想要解决大分裂：中世纪的基督教分裂成东正教和罗马天主教。他呼吁召开总议会，让主教和大学教师发表意见。与此同时，他领导了巴黎知识分子运动，他们在古典时代的作家身上寻找灵感，尤其是西塞罗（Cicero）：他和罗马演说家一样，相信世界可以被文字的力量所改变。这一切都徒劳无功！尽管他在政治舞台上向各方势力布道，但他最后还是承认自己失败，并在 1399 年辞去职务。不过他在 1401 年被请回继续做校长，并再一次担任教师和传教士，继续参与圣母院教会的审议工作。最后，一些政治事件为他的事业正名：他谴责了勃艮第公爵在 1407 年下令暗杀奥尔良公爵的行为。最后，他在康士坦斯大公会议上发挥了重要作用，但在 1418 年勃艮第派占领巴黎并屠杀人民时，他逃跑了。他在莱昂斯的塞莱斯廷教会团（Celestine Order）寻求（并得到了）庇护。热尔松在 1429 年 7 月去世，死前表达了对圣女贞德使命的支持。

许多巴黎的主教和教士公开表达了他们的政治观点。例如，我们从热拉尔·德·蒙泰居（Gérard de Montaigu）主教的一封信件中得知，《特鲁瓦条约》（*Treaty of Troyes*）规定在法国国王查理六世去世后，英国的亨利五世将继承法国王位。而在条约签署前夕，他鼓动巴黎人支持王储的派系，即未来的查理七世。和他在查理六世手下做事的两兄弟一样（一个曾是王室总管，但在 1409 年被勃艮第派判处死刑，而另一个曾是桑斯大主教，在 1415 年爆发的阿让库尔战役中被杀害），

他是阿马尼亚克派的支持者。他写道，作为一名主教，他的职责是说明“国家的利益”，并警告民众小心英国“敌人”的“该死的诱惑”。但是在1426年，尼古拉·弗拉永（Nicolas Fraillon）当选为主教。作为一位积极支持勃艮第派的巴黎圣母院教士，对他的任命符合盎格鲁-勃艮第政府对巴黎的统治。第二年雅克·迪沙特利耶（Jacques du Chatelier）接任主教，他也支持勃艮第派。然而，查理七世在1436年重新夺回巴黎，德尼·迪·穆兰（Denis du Moulin）在1439年成为主教，他是王室祈祷师，也是大议会的成员。然而，这样的政治波折并没有降低这些教士的智力水平。纪尧姆·沙尔捷（Guillaume Chartier）在1447年当选为主教，是查理七世的狂热支持者。纪尧姆·沙尔捷是诗人阿兰·沙尔捷（Alain Chartier）的兄弟，也是教士团和《民法大全》方面的专家。他是普瓦捷议会（Parliament in Poitiers，流亡的王储支持者的临时住所）的教士顾问，在1435年积极参与了阿拉斯和平运动（Peace of Arras）。他是圣母院的教士，然后当上了司铎，后来是教长，最后成为主教。对于这些人来说，为国家服务包含了对王权本质的一种升华，事实上，他们发展了一套详尽的政治理论来证明王权的合理性。

对页图
西玫瑰窗上的先知，修复于16世纪。

第212—213页图
审判门拱门上的天使们，带着惊讶、钦佩和谦卑的目光，看着他们面前的救赎场面。

主教与法律：国王的敌人还是盟友？

主教也可以在两个方面行使审判权。他们和城里的其他大贵族一样，对自己的财产行使司法权力，但他们也审判教会案件。这就解释了为什么主教可以进入两种类型的法庭：庄园法院（处理世俗管辖权下发生的案件），教会法庭（处理宗教管辖权下发生的案件）。

主教是世俗世界的领主，可以和其他拥有类似司法权的领主一样，执行死刑。但与国王不同的是，主教在巴黎及其附近地区并没有可供他行刑的绞刑架。不过他在管辖范围之外有权下令“烧死和绞死”犯人，在巴黎也有权“逐出犯人和割掉他们的耳朵”。因此，主教的绞刑架在圣克卢（位于现在的巴黎郊区），后来移到了城外。主教在他的司法工作中将得到一名监务长、一名司法官和几名庭吏的协助。司法官每周举行三次听证会，还负责维持主教面包房和教堂广场上培根市场的秩序。主教在世俗世界的监狱叫主教监狱（For-l’Evêque），那里的地

对页图

圣斯德望门外墙上的四叶饰，描绘的是被绑在梯子上的刑罚场景，罪犯被吊起来，前来观看的公众嘲笑和谩骂他。

牢有着特殊的名字："怪兽"（the Gargoyles）、"老鼠"（the Mouse）、"野兔"（the Hare）和"暗黑"（the Dark）——自从允许审讯和酷刑以来，这些地牢便臭名远扬。

主教法庭是为了补充两个会吏长法庭而设立的，负责审判神职人员所犯的罪行以及与基督教教义或道德有关的案件。神职人员并不总是爱好和平，他们理所当然地在巴黎街头携带武器。他们时不时卷入斗殴或扭打，经常造成流血事件，这是他们出入法庭最普遍的原因。对普通人而来说，最常见的罪名是违反婚姻法，例如秘密结婚、重婚或通奸等。巴黎教会法庭的判决通常非常仁慈，即便是巫术这类非常严重的案件也是如此。惩罚的形式是罚款或忏悔，如支付弥撒费用或者去朝圣。无论如何，主教不能对宗教上的罪行判处死刑，因为教堂里不能流血。最严重的处罚是在圣母院大门前的广场上，在主教的"梯子"（基督受难的刑具之一，出现于竖起十字架和降下十字架的情节中）上示众或木枷上刑。在最坏的情况下，主教可以判处一个人终身监禁，这实际上是死刑，因为他被监禁在狭小的牢房里，只能靠"痛苦的面包和水"过活。这类案件并不多见，通常与主教应国王要求而采取行动的政治案件有关。

1344 年，来自布列塔尼的亨利·德·马莱特鲁瓦（Henri de Malestroit）是王室的祈祷师，因同时担任执事而在主教法庭上被判为叛国罪。他被判处在大教堂广场上处枷刑三次：任人嘲笑，被人们扔泥巴。他还被投掷石块并受了重伤，虽然法官禁止这么做。然后他被带到主教的监狱，死在了那里。1416 年，圣母院教士、审计师，前巴黎主教皮埃尔·德奥热蒙（1384 至 1409 年在位）的兄弟尼科尔·德奥热蒙（Nicole d'Orgemont）因密谋将该城交给勃艮第派而被定罪。国王法庭将他定罪为冒犯君主，但由于他是一名神职人员，他被送到了教会法庭，该法庭规定他必须在圣母院广场的断头台上当众布道。尼科尔·德奥热蒙被判处终身监禁，教士们为他说情，把他送到奥尔良主教的监狱里，但是那里的条件和巴黎一样糟糕。六个月后，他去世了。

圣殿骑士雅克·德·莫莱（Jacques de Molay）和诺曼底圣殿骑士团的教堂长若弗鲁瓦·德·沙尔奈（Geoffroy de Charnay）双双入狱七年，在 1314 年 3 月 18 日，他们也被带到教堂广场的刑台上接受终身监禁的判决。在那里，他们庄严地收回

了自己的话："我们没有犯下那些被指控的罪行，但是我们为了挽救自己的生命而卑鄙地背叛了教会，我们有罪。教会是神圣的：供词是荒谬而虚假的。"公众对此抗议，似乎是为解救这两个人，因此主教迅速把他们送到世俗的权力下。当天晚上，他们在奥古斯丁码头对面的犹太人岛（Île aux Juifs）上被火刑处死。

对页图

石刑和十字架刑都是被禁止的刑罚。南门的这一浮雕描绘了圣斯德望的殉难。这一幕显示出执行死刑的暴民的暴行，但这位圣人对疼痛无动于衷。

虽然偶尔会有这样的司法联盟，但是主教和王室法院之间的管辖权冲突还是很常见的。例如，曾在沙特莱监狱工作的巴黎监务长眼见自身权力日益增长，为了扩大对法律的控制，他把国王的管辖权扩大到首都的街道上，削弱了教会的权力，尤其是主教的权力。许多冲突随之而来，部分原因是犯罪分子试图逃脱国王的审判（人们认为国王的审判更为严厉），犯罪者常常试图冒充教士，接受主教的管辖。如果判定他们是惯犯，或者他们犯下了可判处死刑的严重罪行，监务长可以将他们处以绞刑。但是主教反对他们的权力继续扩大而发起反击，经常在法庭上宣判监务长的案子。例如，1408 年，纪尧姆・德・蒂格农维尔（Guillaume de Tignonville）因无故绞死了两名神职人员而被判处当众受辱，而且他还需要请求公众原谅。15 世纪中叶，退伍军人菲利普・卡尔韦（Philippe Calvet）被指控使用巫术一案提交至国王的议会法庭，理由是他被控的罪行非常严重，而且这种罪行还在不断增加，令国王蒙羞。主教声称对该案件有管辖权。目前还不清楚他是否获胜，但肯定不会再听到有关这一事件的消息。国王已经成为主教权力的强烈反对者，因为他的使命是带领臣民走向救赎，而要做到这一点，就需要控制他们的行动。

国王与圣母院

法国国王与大教堂有着密切的联系，尽管他们反对主教和教会的权力，但他们都是在兰斯大教堂加冕的。只有年轻的亨利六世于 1431 年 12 月 16 日在圣母院加冕，他是兰开斯特王朝（Lancastrian）的成员，在查理六世死后被选为国王。但是巴黎的加冕典礼削弱了他的权威：查理七世宣称他是于 1429 年 7 月 17 日在兰斯加冕的，这证明他才是真正的国王。

圣但尼修道院对君主政体也很重要。从 12 世纪开始，它就有了王室的标志：

王冠、权杖以及国王在战争中所携带的旗帜。圣但尼修道院和圣母院发生过许多起冲突，其中有一起是关于修道院院长的。1217 年，法国国王腓力二世将圣母马利亚的头发、施洗者圣约翰的三颗牙齿、用来攻击圣斯德望的几块石头，连同圣但尼头骨的上半部分都捐赠给圣母院。教士们认为头骨原本是被切成两半的；但是，修道院的修道士们坚持认为头骨已经被完全切断，并称他们拥有整个头部。1406 年，一场旷日持久的冲突开始了，最终在 1410 年的一场审判中结束，但遗憾的是，我们不知道结果如何。在教士准备将这部分头骨捐赠给贝里公爵来换取圣腓力（十二使徒之一）的完整头骨时，他们遭到了修道士的攻击。修道士们说保存在巴黎圣母院的那块头骨是假的，他们甚至包围了教堂，称他们的对手为盲目崇拜者。双方都在寻找文献来证明自己的主张。在文献中，圣母院教会得到了皮埃尔·德奥热蒙主教的支持，引用了圣但尼在圣母院大门上的雕像，这为我们提供了一些关于圣母院原始大门的宝贵信息。维奥莱 - 勒 - 杜克在修复圣母院时似乎对此一无所知——他描绘的是双手捧着整个头颅的圣但尼。然而根据

对页图

善与恶的斗争是教堂反映王公贵族斗争的方式。在这座浮雕中，懦弱被描绘成一个骑士，他被一只野兔吓坏了，逃跑了，失去了他的剑和尊严。

左图

《圣母加冕》也雕刻在教士门的门楣上，这扇门也被称为红门，教士每天穿过这扇门去唱诗席。左边跪着的人可能是圣路易，右边是他的妻子玛格丽特·德·普罗旺斯（Marguerite de Provence），他们正在向圣母马利亚和圣母院表示忠诚。这幅雕像可能是皮埃尔·德·蒙特勒伊在 1260 年创作的，它把教会与国家结合在一起，共同努力引导人类走向救赎。

教士撰写的文章，那位圣人的头被切成两半，旁边是“圣母，圣斯德望和圣约翰”，他们面前是“征服者腓力（Philip the Conqueror，即腓力二世），他的形象非常年轻，因为他在13岁时就加冕为王”。

最初的雕像可能已经消失了，但这一事件仍提醒着人们：壁龛的下方原本是腓力二世的雕像，维奥莱-勒-杜克把它换成了君士坦丁大帝，小型浅浮雕上描绘了一个国王跪在一个坐着的女人脚边，展开一幅长长的旗帜，这个女人围着面纱，头戴王冠，手里拿着一根棕榈枝或权杖。其内涵一目了然：旗帜象征着国王1217年送给圣母院的圣物。最后的这个人，他戴着教宗的三重冕，但没有光环，可见他是没有被封为圣人的教宗，可能是亚历山大三世。据说，他在1163年流亡巴黎期间为这座大教堂奠定了第一块基石。如果是这样的话，考虑到圣母院与其他教堂的地位之争，那么圣母门上暗含的1163和1217这两个年份可能证明了大教堂既是王室的，也是教宗的。但是在13世纪中叶，圣路易（路易九世，唯一被封为圣人的法国国王）在市中心建造了第三个与之竞争的地方——圣礼拜堂。圣礼拜堂是用来存放耶稣受难的圣物的，按照惯例，法国国王每年都要把耶稣受难的圣物展示给人民。把这些圣物安置在圣母院的努力没有成功——是因为大教堂文物不够多，还是因为拥有的文物不够有声望？由于大革命期间造成的破坏，当时大教堂保存的文物数量不详。库存里1343年和1416年中世纪的文物也没有起到什么作用，因为这些仅仅是祭司的法衣和珠宝。在一些事件中教士们熔化了珠宝，例如在1360年英法百年战争期间为法国国王约翰二世支付赎金，还有1436年查理七世复辟时，教士们谨慎地放弃了来自英国的法国摄政王贝德

左图

1389年8月22日，查理六世的妻子，巴伐利亚的伊萨博王后（Queen Isabeau of Bavaria）庄严地进入巴黎。这幅画出自让·弗鲁瓦萨尔（Jean Froissart）的《历代志》（*Chronicles*）原稿。这位王后就像圣体（Blessed Sacrament）一样，盖着华盖，由教士们抬着。可以看到圣母院和圣礼拜堂面对面互相敌对。

对页图

国王的旗帜现在位于审判门上圣安德烈雕像的底座。圣母院里法国国王的雕像不显眼，尤其是腓力·奥古斯都的雕像在大革命中被毁之后，在19世纪换成了君士坦丁大帝。

左图

在国王路易九世死后不久（1270 年），圣礼拜堂展出了他捐赠的最有名的圣物——荆棘王冠和耶稣受难十字架。他的祈祷被修道士和在场的人视为典范，使他更加圣洁，于是在 1297 年被封为圣人。

对页图

圣路易的银质圣古盒，作者维奥莱 - 勒 - 杜克。圣母院里的圣物和圣物盒在大革命期间被毁。圣母院于 1802 年 4 月 18 日重新开放朝拜后，保存的圣物有荆棘王冠，耶稣受难十字架的碎片以及拿破仑在 1804 年下令从圣礼拜堂宝库里转移过去的圣钉（Holy Nail）。

第 224—225 页图

审判门的门楣上，一个熟睡的士兵从救赎中醒来。教士警告那些死于暴力战争的骑士：准备好面对死亡了吗？

福公爵（Duke of Bedford）捐赠给他们的珍宝。

至于圣物，圣母院里的两个主要神龛放置的是圣母和圣马塞尔的遗物。1416 年，一个特殊的守卫来守护这些圣物：引起巨大纷争的圣但尼上半部分头骨、圣西门的手臂、圣安德烈的手臂，还有一个小小的银十字架，上面耶稣受难十字架的碎片，这个十字架从 1108 年起就一直在圣母院里，这得益于耶路撒冷圣墓教堂（Holy Sepulchre）的领唱安塞尔（Ansel）。做弥撒时十字架都会放在主祭坛上。还有一些用金子雕刻打造的圣母像，里面有圣母的几根头发或一点乳汁。其他圣物还包括圣乌苏拉的上臂骨、圣多马的手指、荆棘王冠上的一根刺，以及圣伯拉修的一根臂骨——不过这些圣物都无法和圣礼拜堂里的圣物相提并论，整个荆棘王冠及圣布拉斯和圣西门的头骨都在那里。圣礼拜堂既是礼拜堂又是圣物盒。

其他争端接踵而至。圣但尼修道院和圣礼拜堂为举办查理六世的妻子，巴伐利亚的伊萨博王后的加冕典礼而竞争。圣母院却想方设法确保王后进入巴黎时能尽显庄严，让大教堂里充满祈祷者，就像之前大教堂为法国国王所祈福那般。但 1389 年，伊萨博王后进入巴黎的场面已经让大教堂的仪式黯然失色了。当时在所有主要十字路口的人工喷泉里都流淌着牛奶和红酒，根据宗教典故改编的表演则

吸引了大批观众。尽管如此，王后还是给了圣母院的主教和教会一些特权，尤其是某些法律上的特权。然而，国王在议会的检察官以这些献礼侵犯了王室特权为借口，对这提出了质疑；一场漫长的法律诉讼随之而来，最终以双方和解而告终。

法国国王的捐赠表明他们参与了大教堂的建设。从 14 世纪以来，赠礼一一记录在教会记录中。其中包括大量的钱，如路易七世为建造教堂、圣物盒甚至圣物所捐赠的资金，以及腓力二世在 1217 年捐赠的基金。圣物献礼是王室忠诚的有形标志。不过，卡佩国王却有点拖后腿，他们的捐赠少之又少。到 12 世纪，法国君主还倾向于支持圣但尼。直到腓力二世统治时期，王室的信仰才开始打破这种平衡，转向圣母马利亚和她的大教堂。在 14 岁那年，腓力在孔皮埃涅（Compiègne）森林狩猎时迷了路。他向上帝、圣母马利亚和圣但尼祈祷，这时，一个烧炭的人出现在树林中，为他指明了出路，从而救了他。圣母升天节对腓力二世来说是一个特殊的日子。另一方面，路易九世虽然热爱圣母，却很少参加大教堂的活动。接过荆棘王冠后，他赤脚参加游行，游行队伍在圣母院停下来，向圣礼拜堂进发。后来，他在 1270 年 3 月 15 日动身去参加十字军东征的时候，身穿朝圣服在圣母院祈祷。相比之下，腓力四世在 1304 年 3 月 18 日于蒙桑佩韦勒战胜佛兰芒人后（为两年前发生在库特赖发生的灾难复仇），给了大教堂 300 里弗赫（相当于一年的收入）以及一尊木质雕像，雕刻着国王身穿铠甲骑在马背上。同样，腓力六世在卡塞勒打了胜仗后向圣母院捐了一尊骑马像，后来又向圣母马利亚捐赠了一尊银像，为了祈求治愈他的儿子约翰，即未来的约翰二世。这些还愿的祭品被放置在圣母像前面，圣母像位于圣坛屏的最右边。它们显示了圣母院在王室进献中的作用日益凸显，当圣但尼修道院不得不与圣母院和圣礼拜堂共同放置路易九世的遗体时，它被迫承认了这一点，尽管圣母院最终只得到了圣路易的一根肋骨。然而，在查理五世（1364—1380 年在位）和查理六世（1380—1422 年在位）统治时期，圣母院在王室崇拜中的地位进一步加强。1367 年，查理五世每天举行两次小弥撒，一年在主祭坛举行六次弥撒；第七次，也是最庄严的一次，是在每年 1 月 21 日，也就是他的生日——圣依搦斯节上（Feast of St Agnes）。国王会亲自在弥撒中祈祷，同时捐赠用于维护圣母院的礼物。他祈祷获得一名子嗣，

1449 年 11 月 10 日，查理七世进驻鲁昂，之后 1450 年 4 月 15 日的福尔米尼战役（Battle of Formigny）标志着诺曼底收复。由让·德克莱蒙（Jean de Clermont）和康斯特布尔·德里什蒙（Constable de Richemont）指挥的法国军队与凯瑞尔指挥的英国军队针锋相对。这幅画是现代的作品，这一事件的故事广为流传。

1368 年 12 月 3 日，他的儿子，也就是后来的查理六世出生了，他的愿望实现了。此外，为了感谢儿子的诞生，他在每个降临节的第一个礼拜日都会去圣母院。教士在圣母像前放置了一个木制祭坛，这样查理五世就可以跪在凳子上，或者跪在祭坛下面祈祷了。除了捐赠大量金钱，每次他还捐赠一些银器、昂贵的器物、金银礼拜用品、祭坛罩和圣物盒，例如装着“圣母之锁、圣依搦斯和圣康斯坦丝的遗骨”的那一个。这种做法一直持续到查理六世统治初期，直到 1392 年他的第一次发疯（可能是精神分裂）结束后才得以恢复。国王感谢圣母医治好了他的病，1392 年 12 月 1 日，他在大教堂受到了隆重的接待。整个弥撒过程中都能听到玛丽钟的钟声，不仅在圣母祭坛前，而且在唱诗班中都有人这么说。每隔一段时间就会有更多的礼物送来，只是偶尔在国王发疯时才会中断；然而，每当他恢复后，都会回到圣母院致谢。后来的两位国王，查理七世和路易十一，并没有彻底不去巴黎圣母院，即便他们住在卢瓦尔河谷，距离首都非常远。例如，1467 年 10 月

对页图

在内殿和唱诗席周围有一条双回廊，这是礼拜游行所必需的。这条双回廊是由大教堂的第一位建筑师在 1160 年设计的，由等高的斜拱顶拱组成，大圆柱支撑在顶拱下面。

12 日，当路易十一世回到巴黎时，他去听了圣母院的晚祷，这并不奇怪，因为他非常热爱圣母马利亚。然后祷告完毕，那里的主教和教士列队前进，直到国王回到住处。

值得注意的是，在晚上，国王走在街上时，据说有一颗星星跟着他，这是另一个好迹象。因为编年史家和巴黎人民、天堂和圣母院的神职人员都一致向这位君主致敬。

圣母院和宗教游行

圣母院的神职人员负责在礼拜年组织大量游行活动。当游行队伍穿过城市街头，他们宣称圣母院比其他教堂和修道院权力更大，吸引了许多信徒。在棕枝主日（Palm Sunday，复活节前的星期日），为了纪念耶稣进入耶路撒冷，一支游行队伍将从圣热纳维耶芙修道院行进至圣母院。队伍走到监狱长所在的沙特莱监狱前，教士们会歌唱赞美诗《荣耀与光荣》（*Gloria laus et honor*），这时监狱的门会打开，一名囚犯被释放出来。同样，在大斋节和圣马丁升天节的游行期间，圣母院教会会释放两名囚犯。有些游行是沿着塞纳河河边进行的，例如在 7 月 21 日的圣维克多日，教士们一直走到左岸的圣维克多修道院（在大革命中被摧毁）。在 6 月 19 日（圣盖法削和圣玻罗大削纪念日），神职人员会前往右岸的教堂，那里供奉着这两位圣人。在那里，教士会收到羊皮制品作为赠礼，唱诗班的孩子们也会获得樱桃。中世纪末期，教堂会在在圣体节（耶稣圣体瞻礼）举行一场颇为盛大的游行。届时，圣体将以壮观的阵势被簇拥着，人们则会在街道上撒下玫瑰花瓣。

除了这些传统的游行外，其他的是为了赎罪，或者感谢上帝，让圣母和圣人听到信徒的祈祷。其中最多的是求愿，比如求雨、求摆脱瘟疫和饥荒；或者，只是像往常一样，祈求上帝拯救他的子民脱离危险。这种情况下的游行可能带有明显的政治色彩。在 1380 年到 1422 年之间，有 100 多场这样的游行。例如，1383 年 8 月 30 日星期天，当年轻的国王查理六世带领 2 万名士兵从巴黎出发，将英国人赶出弗兰德时，教士们举行了一场游行，前往圣热纳维耶芙修道院，然后和修道士们一起返回圣母院，在回廊里听布道，很多巴黎民众也都去听了。中世纪

星期天有一场非常庄严的游行，那天雨下得很大，一直下个不停，游行队伍来来往往要走四个小时。圣热纳维耶芙修道院的教士们被雨淋得很难受，因为他们都光着脚，特别是那些抬着圣热纳维耶芙和圣马塞尔圣体的人。他们费了好大的劲,因为他们站在非常光滑的街道上，浑身湿透，就像被扔进了塞纳河里一样。有些人汗流浃背，脸上满是汗水，因为这是一项十分艰难的任务。但可以肯定的是，他们中没有人受到干扰，也没有人生病或气馁。在我看来，这是圣热纳维耶芙夫人显现的一个真正的奇迹，她通过自己的美德告诉我们的主，她可以做得更多。从她那神圣的传说中可以看出，她曾多次把这座善良的城市从饥荒中拯救出来，又一次从洪水中拯救出来，还化解了许多其他的危险。

《记 1436 年 4 月 22 日的庄严游行》

出自一位巴黎市民的日记，姓名不详。

Deus qui uni
genitu tuu dnm
nostru ihu xpi
precioso sanguine humanu
genus redimere dignatus es:
concede propici ut qui ad ado
randam viuificam crucem
de arbo
putaui
ret. ita
de glio
racite
nobis
rabili
passus
te mo
mite pa
lono
ret: e
gallia
taliter
inena

末期，随着瘟疫、饥荒、战争和宗教分裂愈演愈烈，游行的目的往往是为了赎罪，因为巴黎人要为他们所遭受的苦难寻求解释。结果，仪式变得更加华丽，歌声环绕，烛火通明，而圣母院是最主要的场所。

到了中世纪末，人们会聚集在大教堂里，“为国家的繁荣发展上帝祈祷”。当然，圣母院与国王的关系密不可分，但它并不是国王最信奉的地方。随着法国政权更加稳固，圣母院与法国之间的纽带具有更为重要的长期作用。圣母院的目标是成为法国最重要的教堂。1302 年，圣母院朝着这个方向迈出了重要的一步：由腓力四世召开的第一届三级会议在中殿召开（与会的三个阶级是法国社会的三大阶级，包括神职人员、贵族和平民）。15 世纪中叶，查理七世战胜英国，象征着法兰西王国的复兴，一场盛大的庆祝仪式在圣母院召开。后来又举行了更多宗教游行，大家祈祷鲁昂投降，国王收复诺曼底。例如，1449 年 10 月 13 日举行了一次游行，参加游行的有数千名儿童，他们都穿着白色衣服，手举蜡烛，玛丽钟和雅克利娜钟声响起，应和着管风琴的乐声和孩子们与唱诗班的歌声。1450 年 4 月 15 日，查理七世在福尔米尼取得胜利后，他决定全国所有教堂都要庆祝诺曼底回归法国。圣母院的庆祝活动于 1450 年 8 月 12 日举行，由主教纪尧姆·沙尔捷主持。后来，每年都要举行这种仪式，直到革命开始，游行和唱圣歌的形式才有所改变。在 8 月 15 日的宴会上，国王路易十三发誓要把自己和他的王国献给圣母，这使得游行重新焕发了活力。因此，圣母院在庆祝法国第一个“国庆日”中成为主要的活动场所。

教士们精心挑选自己的墓碑，并把它们埋在圣母院里的日子早已一去不复返了；法国贵族或者资产阶级的大人物向圣母院捐赠宝物的日子也一去不复返了。但是，圣母院内仍回响着那些在这间宏伟的中殿里发声者的声音，从圣女贞德的母亲——一个低微的农民，在 1455 年为她的女儿平反，到雅克 - 贝尼涅·波舒哀（Jacques-Bénigne Bossuet）——孔代的王子，也是一位将军，在 1687 年在路易·德·波旁（Louis de Bourbon）的葬礼上念悼词。不论是法兰西王国还是共和国，在重要的日子里，弥撒、祈祷和唱圣歌还会继续，这些仪式将巴黎圣母院与法国历史永远联结在一起。

第 231 页图
一队教士抬着圣物盒进入圣母院。这幅画描绘了一本供巴黎教区使用的祈祷书，很可能是为 1415 年去世的国王查理六世的继承人，即王储路易·德吉耶讷(Louis de Guyenne）所写。

对页图
从塞纳河左岸看到的圣母院尖塔。

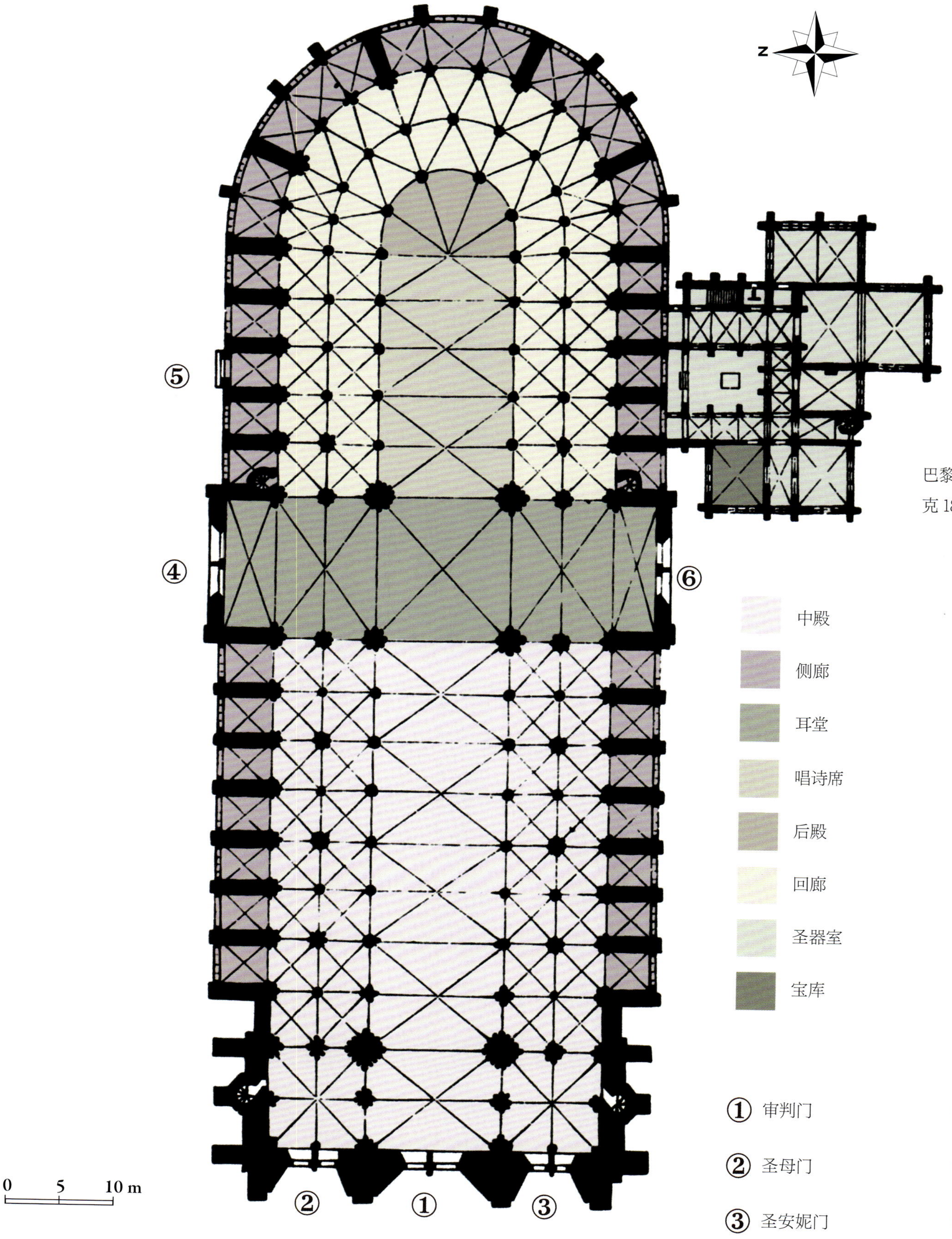

巴黎圣母院的计划，摘自维奥莱 - 勒 - 杜克 1854—1868 年编写的《建筑词典》。

中殿
侧廊
耳堂
唱诗席
后殿
回廊
圣器室
宝库

① 审判门
② 圣母门
③ 圣安妮门
④ 回廊门
⑤ 教士门，也称红门
⑥ 圣斯德望门

附　录

词汇表

顶板 (abacus)：柱顶上的平板，用来支撑框缘。

修道院长 (abbot)：修道院的院长。

拱座 (abutment)：支撑飞扶壁的侧向压力的垂直石砌结构。

侧廊 (aisle)：教堂中殿的翼廊；侧廊的高度比中殿的高度低。巴黎圣母院的中殿有四个侧廊。

神父兜帽 (almuce)：一种有连帽的斗篷，通常有毛皮衬里。

《启示录》：最后的审判和神国降临的启示，《约翰福音》中描述，在此之前与反基督者发生冲突。

十二使徒 (12 Apostles)：耶稣选出来传播福音的门徒，即彼得（伯多禄）、安德烈（安德肋）、大雅各（长雅各伯）、小雅各（次雅各伯）、约翰（若望）、腓力（斐理伯）、巴多罗买（巴尔多禄茂）、马太（玛窦）、多马（多默）、圣犹大（达陡，不是出卖耶稣的那一位）、西门（西满）以及背叛耶稣的加略人犹大（犹达斯）——以上人名为基督新教称谓，括注中的为天主教称谓。内文为了便于读者理解，均采用新教称谓。

半圆后殿 (Apse)：即教堂的后殿，通常指唱诗席末端的那部分结构。

会吏长 (archdeacon)：即总执事，可代表主教行使管辖权的教会高官。

拱门饰 (archivolt)：门窗边缘的装饰性拱，可能是雕刻而成。

新艺术风格 (Ars nova)：指与13世纪的古艺术（Ars antiqua）相对的14世纪音乐。音乐领域中节奏符号的创新有着举足轻重的作用，由于在三分法中增加了二分法划分，这使得实现复杂和高技术水平的精湛技艺成为可能。

《圣经》：犹太教与基督教的共同经典，包括《旧约》和《新约》。

主教 (bishop)：世俗世界的高等神职，可以行使神职的所有权力（治疗灵魂、牧养关怀、神职任命），并负责管理教区。

"生命之书"(Book of Life)：教堂的捐助人的登记簿，在他们的忌日要为他们祈祷。

教宗训令 (bull)：由教宗办公处加盖教宗印玺或公章的法令。训令的标题是拉丁文的前几个单词。

市民 (burgher)：拥有市民特权的城镇居民。市民的权益取决于城镇的宪章或法规。

扶壁 (buttress)：用来支撑墙面的柱子或其他凸出物。

大教堂教士 (canon)：教会的成员。大教堂教士分为两类，隶属于教会的非神职教士，负责协助主教主持庆祝仪式和管理大教堂。神职教士遵循一种修道院的规则，通常是圣奥思定定下的规则；如巴黎的圣热纳维耶芙或圣维克多修道院的教士。

教会法 (Canon law)：教会的法令，编写成书籍并大量出版，包括格兰西在1140年写的《教会法汇要》，额我略九世写的《教令集》最早可追溯至1230年，以及自14世纪起出版的《第六书》，《克勉教令集》以及《编外卷》。

日课 (canonical hours)：传统罗马礼日课祷告时间如下——夜祷(Matins，子夜时分)，晨曦祷（Lauds，清晨或是三点时），第一时辰（Prime，在六点时），第三时辰（Terce，在九点），第六时辰（Sext，正午），第九时辰（None，下午三点），晚祷（Vespers，下午六点），睡前祷（Compline，睡前或晚间九点），这些时间记录在《时课经》中。

枢机主教 (cardinal)：与教宗关系最紧密的顾问，自11世纪以来，他们一直负责选举新教宗，从13世纪开始组建了枢机团（sacred college of cardinals，20至30名成员）。

清洁派 (Catharism)：一个在12世纪与13世纪盛行的基督教派别，主要分布在法国南部。1179年被教皇亚力山大三世宣布为异端。

大教堂 (cathedral)：一个教区最重要的教堂，放置主教宝座的地方。

审计院 (Chamber of Accounts)：国王或王子宫内的财政部门。

司铎(chancellor)：在大教堂里，司铎是负责管理学校并颁发教师执照的教士。该词也可指巴黎教会学校的校长，属于教会的成员，代表教会的权威。校长主持教学执照的考试评审，并授予等级。

法院(chancery)：负责起草和鉴定契约的机构。

雨水槽(channel)：建筑顶部自上而下的引水槽。

专职教士(chaplain)：附属于教堂的神职人员，不一定是祭司。

教士团(chapter)：由教士组成的团体。

圆室(chevet)：后殿的延伸部分。引申为教堂东耳堂以外的任何建筑

奇兽(chimera)：一种奇异的嵌合体生物，常作为建筑装饰存在。

唱诗席(choir)：教堂为神职人员保留的区域，位于耳堂和后殿之间。

编年史(chronicle)：按照时间顺序记叙的历史事件。

熙笃会教士(Cistercians)：追随圣本笃的修道士。圣本笃属于熙笃会，该会由罗伯特·德·莫勒斯米(Robert de Molesme)于1098年创立，并在12世纪因圣伯尔纳铎而闻名。

《民法大全》(*Corpus Juris Civilis*)：534年左右，在东罗马皇帝查士丁尼一世的命令下编纂成的罗马法，包括《法典》《学说汇纂》《法学阶梯》《新律》。11世纪开始，在西方作为法律论据使用。

神职(clergy)：在教会担任官职的工作人员。并非所有的宗教机构的工作人员都是神职。世俗世界的神职，如主教、教士、祭司、附属教士等，与遵循特定修道院规则的神职人员不同。

教士(cleric)：受过削发礼的人，持有证明其身份的信件，享有神职人员的特权，但在教会中没有正式职位。有的教士允许结婚。

学院(college)：为教育贫困学生而建的大学。

加冕礼(coronation)：国王接受王冠和其他王权的仪式，特别是节杖和杖，并涂上圣油，赋予他宗教角色，包括对臣民的责任。

宗教会议(council)：主教召开的来决定教会生活的会议。在教区或教区省中，会议被称为“主教会议”。

卷叶饰(crocket)：柱头上的一种植物纹样的装饰。

中世纪法庭(curia)：负责教会中央政府的教宗法庭。

德尼厄尔(denier)：一种法国旧银币，其价值以法磅(里弗赫)的重量和名为苏的单位来计量。1里弗赫=20苏=240德尼厄尔。

宗教法庭(ecclesiastical court)：审判教会案件的主教法庭。

宗教等级(ecclesiastical orders)：神职人员的等级。大致分为四类低级神职(看守、读经员、驱魔员和襄礼员)及三类高级神职(副助祭、执事和祭司。)

财产归公(escheat)：国王在某些神职空缺时获得其收人的权力。

逐出教会(excommunication)：将基督教徒开除教籍，并禁止埋葬在圣地。

教父(Fathers of the Church，天主教早期宗教作家及宣教师的统称)：基督教世界的权威，他们的信条之所以成为准则，正因为他们的正统思想和圣洁的生活。在西方，典型的人物有圣盎博罗削、圣奥思定、圣哲罗姆、教宗额我略一世、塞维利亚主教圣依西多禄，以及被称为最后一位教父的圣伯尔纳铎。

尖叶饰(finial)：垂直尖形建筑顶端的雕刻装饰。

飞扶壁(flying buttress)：一种拱形的砖石支撑物，把屋顶或拱顶的推力从主结构传递到外部柱子上。.

行会组织(fraternity)：由互称同胞的成员组成的协会，他们互相帮助并组织共同的宗教庆祝活动。

山墙(gable)：一种三角形的石墙，有装饰性的开口设计，位于拱顶或门窗的顶部。

滴水兽(gargoyle)：建筑物的排水沟末端的奇兽雕刻物，用于排水。

公会(guild)：中世纪的一种行业组织，由同行业技术工人组成，包括行会大师、领工资的工匠和学徒。

国王法庭(king's court)：它由国王的随从和他的神职人员组成，在13世纪发展成为一些专门机构，如立法会、审计院、议会。

地产（Living）：通常指以服务获取的土地财产。在教会中，由主管地产和收益的部门来发放教士的薪俸。像主教辖区和修道院等主要地产与教区、牧师办公处这样的次要地产相区别。

圣徒传记（hagiography）：记录圣徒生活的传记。

主宫医院（Hôtel-Dieu）：巴黎圣母院的医院，供病人、旅行者和朝圣者使用。

豁免权（immunity）：教会财产不受非神职人员管辖的权力，特别是在司法和财政方面。

授职仪式（investiture）：教会中任命一个人成为教士的仪式。在世俗社会中，它是给封臣授予封地。这两个都是重要的宗教仪式。

审判（justice）：有两种级别的审判——高级审判，涉及严重罪行，包括是民事罪行和刑事罪行，处罚包括高额罚款、放逐或处死；低级审判，处以60苏以下的罚款。

骑士（knight）：授予爵位的骑马武装男子。

文科七艺（liberal arts）：文学院的七门课程。分为两部分，三艺（语法，修辞和逻辑）和四术（算术、几何、天文和音乐）。

领主（lord）：管辖封地和地主的贵族统治者。

托钵修会（mendicant orders）：建立于13世纪的宗教团体。他们的成员是住在所布道的城镇的修道院的修士。最大的托钵修会是多明我会、方济各会及奥思定会。

修道士（monk，也称为修士）：生活在修道院的人士，奉行名为"规则"的生活准则，通常是圣伯努瓦的规则。最大的修道会是本笃会，其次是纪律更加严格的克吕尼修会和熙笃会。

复调合唱曲（motet）：12世纪末，随着复调音乐的发展，出现了多声部叠加的歌唱形式，并逐渐复杂化。

神秘剧（mystery）：在行会组织及社团的宗教节日庆典上，由大量平信徒出演的戏剧。神秘剧在15世纪广泛流传，从13世纪和14世纪的奇迹剧发展而来［亚当·德·拉哈勒（Adam de la Halle）的《叶棚剧》（*Jeu de la feuillée*）和泰奥菲勒·德·吕特伯夫（Théophile de Rutebeuf）的《奇迹》（*Miracle*）］。这样的戏剧通常是关于耶稣受难和圣徒的生活。

宣誓（oath）：一种庄严的承诺，在公众面前对圣物进行宣誓，约束发誓的人去履行它。

教区（parish）：内由教士管理的行政区。

教区神父（parish priest）：负责对教区教众进行教牧关怀工作的教士。

议会（parlement or parliament）：在13世纪末，国王的宫廷中有一个专门从事司法工作的机构。其结构是由1345年的一项裁决确定的，包括神职人员和普通成员，并作为整个王国的上诉法院。

族长（patriarchs）：《旧约》中记载的那些长寿而有智慧的家族首领的名字（如摩西和亚伯拉罕）。

侧柱（pier, jamb）：出现在拱门或门楣上的一段垂直的墙。

脚柱（pier）：支撑门楣的柱子。

复调音乐（polyphony）：复调演唱出现在9世纪的理论著作中，它在主音或男高音的基础上增加了一个或多个声部，在第五音程、第四音程和八度音程上都增加了一个或多个声部。这种音乐被称为奥尔加农。

领唱人（precentor）：负责唱诗班的教会要员。

小型修道院（priory）：由修道长而非修道院长管理的宗教团体。

先知（prophet）：《旧约》中受上帝启发的人，以他的名义讲话，特别是预言基督的降临（以赛亚、耶利米、以西结和但以理）。

巴黎行政区长官的头衔（Provost of Paris）：由国王直接任命，行使司法、行政和财政权力。

免役地租（quit rent）：领主获得收入的土地，其主要部分是现金租税，每年以货币或实物支付。

圣物（relic）：圣人身体的一部分，比如骨头，或者曾经属于圣人的东西。圣物被保存在一个被称为圣物箱的容器中，受到极大的尊敬。它们也经常成为非法贸易的对象。

卷草纹条饰（rinceau）：由风格化的叶子组成的装饰性图案，有雕刻的也有彩绘的。

圣坛屏（rood screen）：把中殿和唱诗席分开的屏风。

玫瑰窗（rose window）：形状象花的圆形窗户。

圣器室（sacristy）：教堂的附属建筑，存放法衣和礼拜用品。

教会学校校长（scholaster）：从教士中挑选出来的教会学校的校长。

经院哲学（scholasticism）：一种建立在逻辑基础上的推理方法，应用于文本的批判性研究，从 12 世纪开始在巴黎的教会学校发展起来。

六翼天使（Seraphim）：炽天使天界等级中最高等级的天使，有三对翅膀。炽天使的作用是赞美和崇拜上帝。

庭吏（sergeant）：负责执行王室或政府行政命令的人。

六肋拱顶（sexpartite vault）：四根斜肋和两根横肋分成六份的肋拱顶。

耳堂（transept）：教堂内十字形的部分，走廊与教堂中殿成直角。

决斗裁判（trial by combat）：通过当事方之间的肉搏来确定争端结果的方法。

看台（tribune）：中殿承重墙上高出来的部分。

鼓室（tympanum）：门楣和门拱之间的一个凹入的三角形空间，通常有雕刻物。

封臣（vassal）：效忠领主，并从领主那里获得封地与恩惠的人。

拱顶（vault）：一种复杂的拱形砖石结构，作为两墙之间的屋顶或天花板。罗马式建筑中典型的桶形拱顶和哥特式建筑的尖拱或蛋形拱是有区别的。蛋形拱是由两根斜跨中心的石肋组成的。

还愿祭品（votive offering）：为感谢愿望实现而放在教堂里的物品。

穹窿（voussure）：门窗周围的拱形装饰性制件，可能为雕刻而成。

参考文献

Marcel Aubert, *La cathédrale Notre-Dame de Paris*, Paris, Firmin-Didot, 1945

John W. Baldwin, *Paris 1200*, « La forme de l'église selon Pierre de Roissy », Paris, Aubier, 2006 (pp. 243-244)

Jérôme Baschet, *La chrétienté médiévale. Représentations et pratiques sociales*, « Le Jeu d'Adam » (traduit de l'anglo-normand), Paris, La documentation française, Dossier 8047 de la Documentation photographique, 2005, (p. 39)

Nicole Bériou, *L'avènement des maîtres de la parole. La prédication à Paris au XIIIe siècle*, « Sermon de Maurice de Sully », (traduit), 2 vol., Paris, Institut d'Études augustiniennes, 1998, (p. 27)

Thierry Crépin-Leblond, *Paris. La cathédrale Notre-Dame*, Paris, Éditions du patrimoine, Cathédrales de France, 2000

Georges Duby, *Le temps des cathédrales. L'art et la société (980-1420)*, Paris, Gallimard, 1976

Alain Erlande-Brandenburg, *Notre-Dame de Paris*, Paris, Nathan/CNMHS, 1991

Id., *La Cathédrale*, Paris, Fayard, 1989

Id., *Quand les cathédrales étaient peintes*, Paris, Gallimard, « Découvertes », 1993

Claude Gauvard, *La France au Moyen Âge, V^e-XVe siècle*, nouvelle édition, Paris, PUF, Quadrige, 2004

Claude Gauvard, Alain De Libera, Michel Zink (sous la direction de), *Dictionnaire du Moyen Âge*, Paris, PUF, 2002

Dominique Iogna-Prat, *La Maison Dieu. Une histoire monumentale de l'Église au Moyen Âge*, Paris, Seuil, 2006

Emile Mâle, *L'art religieux du XIIIe siècle en France*, 2 vol., Paris, Livre de poche, 1969

Simone Roux, *Paris au Moyen Âge*, Paris, Hachette, 2003

致谢

原书作者和编辑在此感谢：

巴黎大主教安德烈二十三世（André Vingt-Trois）阁下，巴黎圣母院公关部米歇尔·勃朗（Michelle Blanc）女士，国家文物中心文物事务部部长多米妮克·道拉（Dominique Daura）女士，巴黎圣母院和圣但尼大教堂旅游中心主任雅克利娜·马耶（Jacqueline Maillé）女士，及其助理韦罗妮克·勒·昂（Véronique Le Hen）女士，法国建筑的建筑师及巴黎圣母院教堂馆长多米妮克·埃拉-杜埃奥特（Dominique Herla-Douçot）女士，中世纪博物馆馆长塔比雷-德拉艾（Taburet-Delahaye）女士允许本书进行拍摄。

第戎市博物馆的安尼克·沙尔维尼亚克（Annick Chalvignac）女士和媒体资料库院长多米妮克·波塔德（Dominique Potard）女士提供了照片资料。

国家古迹中心出版传媒总监米妮克·塞里德吉（Dominique Séridji）女士的热烈欢迎与协助。

摄影师若埃尔·莱泰在此特别感谢：

尼康专业咨询服务部的内洛·佐佩（Nello Zoppé）、德尼·万松（Denis Vinson）及尼古拉·布吕昂（Nicolas Bruant）赞助拍摄器材，阿诺·比约（Arnaud Billault）极好的建议，米歇尔·勃朗的热心帮助，康坦·科什（Quentin Coche）在巴黎圣母院的屋顶上耐心地陪伴着她，以及让-但尼尔·莱泰（Jean-Daniel Laiter）在后勤方面提供的帮助。

图片出处

书中所有照片，若无其他标注，均为若埃尔·莱泰拍摄。

List and credits for illustrations:

AKG-images

L'évêque de Paris bénit la foire du Lendit (The Bishop of Paris blessing the Lendit Fair), 1450, illuminated manuscript (Bibliothèque nationale de France, Ms. lat. 962, fol. 264 (p. 85)

La Foire du Lendit (The Lendit Fair), illuminated manuscript (p. 130) Jan van Eyck, *Madone van der Paele,* 1436, oil on wood, Bruges, Groeningemuseum (p. 139, © Erich Lessing)

Initiale D, 1350, illuminated manuscript from a breviary, London, British Library, Harley Ms. 4664, fol. 145v (p. 156, © British Library)

"Entrée d'Isabeau de Bavière à Paris", 1450, illuminated manuscript from the Chroniques of Jean Froissart, London, British Library, Harley Ms. 4379, fol. 3 (p. 216)

"Bataille de Formigny" (The Battle of Formigny), 1450, illuminated manuscript from the *Chroniques de Charles VII* by Jean Chartier dit Gerson, Paris, Biblio-thèque nationale de France, Ms. fr. 2691, fol. 183 (p. 223, © Jérôme da Cunha)

Municipal Library of Dijon 'The Building of the Tower of Babel', c. 1260–1270, illumination from the manuscript *Ancient History until Caesar*, Ms 0562, fol. 009 (p. 58, © F. Perrodin)

Bibliothèque nationale de France, département des manuscripts (National Library of France, Manuscripts Dept.)

Jean Fouquet, "La construction du temple de Salomon à Jérusalem" (The Building of Solomon's Temple in Jerusalem), 1475, illuminated manuscript from *Antiquités hébraïques (Antiquitatum Iudaicarum)* by FlaviTitus Flauius Josephus, Ms. fr. 247, fol. 163 (p. 53)

Workshop of the Master of Rohan, "Les vendanges" (The Grape Harvest), *c.* 1430, illuminated manuscript from the *Heures de Rohan*, Lat. 9471, fol. 14v (p. 174)

The Bridgeman Art Library

"Les dragons vomissant des grenouilles" (Dragons vomiting Frogs), detail of the *Tapisserie de l'Apocalypse* (Tapestry of the Apocalypse), Angers, musée des Tapisseries (Tapestry Museum) (p. 33)

Map of Paris, *c.* 1572, engraving from *Civitates Orbis Terrarum* by Georg Braun and Frans Hogenberg, after Joris Hoefnagel, The Stapleton Collection (p. 55)

Enguerrand Quarton, *The Coronation of the Virgin*, 1453, oil on panel, Villeneuve-lès-Avignon, Hospice (p. 108)

Jean Colombe, 'The Torments of Hell', 1469, illumination from the Book of Hours of Louis d'Orléans, Saint Petersburg, National Library of Russia, Ms Lat. Q.v.I.126, fol. 74 (p. 117)

"La construction de l'abbaye Sainte-Geneviève" (The building of the Abbey of Saint Genevieve), 1270, illuminated manuscript from the *Censier de Sainte-Geneviève*, Paris, Centre historique des Archives nationals (National Archives), Ms 1626/1, fol. 20 (p. 122)

Rogier van der Weyden, *Les Sept Sacrements* (The Seven Sacraments), *c.* 1445–50, oil on wood, Antwerp, Koninklijk Museum voor schone Kunsten (p. 177)

Jean Gerson, *Mirror of Humility*, 1462, illumination, Municipal Library of Valenciennes, Ms. 240, fol. 247 (p. 193)

Jean Fouquet, *Saint Veran exorcisant un possédé dans la cathédrale Notre-Dame de Paris* (Saint Veran excorcising a Man Possessed in the Cathedral of Notre Dame), 1452-60, Paris, musée Marmottan (p. 194)

"Jean Gerson prêchant la Passion" (Jean Gerson preaching the Passion), *c.* 1480, illuminated manuscript from *Sermons sur la Passion et traités divers* (Sermons on the Passion), Valenciennes, Bibliothèque municipale, Ms. 230, fol. 25 (p. 200)

Centre des monuments nationaux (Centre for National Monuments)

Small gargoyles, by E.-E. Viollet-le-Duc (p. 14-15, 0 Patrick Cadet)

Statue of the Virgin, c. 1854, photograph attributed to Mestral (p. 23, 0 Patrick Cadet)

Detail of the rose window, from the *Projet de restauration de Notre-Dame de Paris* (Notre Dame restoration project), by E.-E. Viollet-le-Duc and J.-B. Lassus, 1843, plate 32 (p. 30, 0 Patrick Cadet)

Project for the spire, by E.-E. Viollet-le-Duc (p. 37, 0 Philippe Berthé)

Project for restoration of the façade of Notre Dame from the *Projet de restauration de Notre-Dame de Paris*, by E.-E. Viollet-le-Duc and J.-B. 1843 (p. 39, 0 Patrick Cadet)

Relief on the Portal of the Last Judgement, by E. E. Viollet-le-Duc (p. 40, © Patrick Cadet)

Gargoyles in the chapels in the choir, by E.-E. Viollet-le-Duc (p. 90, 0 Patrick Cadet)

Portal of the Virgin, photograph by Louis-Auguste and Auguste-Rosalie Bisson, from *Projet de restauration de Notre-Dame de Paris*, by E.-E. Viollet-le-Duc and J.-B. 1843 (p. 125, 0 Patrick Cadet)

Media Library, Médiathèque Équinoxe de Châteauroux (Media Library)

"Saint Denis prêchant à Paris" (Saint Denis preaching in Paris), *c.* 1414, illuminated manuscript from the *Bréviaire à l'usage de Paris* (Book of Hours for the use of Paris) by the Master of Bedford and the Master of Boucicaut, ms. 0002, fol. 367v (p. 121, 0 Philippe Fuzeau) "Procession de la croix d'Anseau à Notre-Dame" (Procession of the Cross from Anseau to Notre Dame), *c.* 1414, illuminated manuscript from the *Bréviaire à l'usage de Paris*, by the Master of Bedford and the Master of Boucicaut, ms. 0002, fol. 265 (p. 224, 0 Philippe Fuzeau)

The Metropolitan Museum of New York

Jean Fouquet, "La descente du Saint-Esprit" (The Descent of the Holy Spirit), illuminated manuscript from the *Heures of Étienne Chevalier* (Hours of Étienne Chevalier), Robert Lehmann Collection, 1975, inv. 1975.1.2490 (p. 83, 0 1984 The Metropolitan Museum of Art)

Réunion des musées nationaux (RMM)

South side of the cathedral of Notre Dame in Paris, c. 1857, photograph by Louis-Auguste and Auguste-Rosalie Bisson, (p. 20-21, 0 René-Gabriel Ojéda)

"Évêque célébrant la messe retirant l'hostie d'un ostensoir devant des moines, chanoines et prêtres" (Bishop celebrating the Mass taking the host from an ostensory in the presence of monks, canons and priests), *c.* 1490, illuminated manuscript from the *Livre de bonnes mœurs* (Book of Good Manners) by Jacques Legrand, Chantilly, musée Condé (p. 137, 0 René-Gabriel Ojéda)

Livre des statuts du Collège de Hobant (Book of Statutes of the College of Hobant), 1387, manuscript, Paris, musée de l'Histoire de France (p. 165, 0 Bulloz)

Rue des Archives

"Louis IX adorant les reliques" (Louis IX adoring the relics), *c.* 1330– 1340, illuminated manuscript from the *Vie et miracle de saint Louis de Guillaume de SaintPathus* (Life and Miracles of Saint Louis de Guillaume de Saint-Pathus), Paris, Bibliothèque nationale de France, Ms. fr. 5716, fol. 67 (p. 218)

图书在版编目（CIP）数据

永恒的巴黎圣母院：一座哥特式大教堂的诞生／（法）克劳德·戈瓦尔著；（法）若埃尔·莱泰摄影；刘雅宁译．—武汉：华中科技大学出版社，2020.9
ISBN 978-7-5680-6500-9

Ⅰ．①永… Ⅱ．①克… ②若… ③刘… Ⅲ．①巴黎圣母院－介绍 Ⅳ．①K956.57

中国版本图书馆CIP数据核字（2020）第160022号

永恒的巴黎圣母院：一座哥特式大教堂的诞生
Yongheng de Bali Shengmuyuan: Yi Zuo Geteshi Dajiaotang de Dansheng

［法］克劳德·戈瓦尔　著
［法］若埃尔·莱泰　摄影
刘雅宁　译

出版发行：华中科技大学出版社（中国·武汉）　　电话：（027）81321913
　　　　　北京有书至美文化传媒有限公司　　　　　（010）67326910-6023
出 版 人：阮海洪

责任编辑：莽　昱　杨梦楚
责任监印：徐　露　郑红红　封面设计：邱　宏

制　　作：邱宏
印　　刷：中华商务联合印刷（广东）有限公司
开　　本：787mm × 1092mm　1/8
印　　张：30
字　　数：70千字
版　　次：2020年9月第1版第1次印刷
定　　价：228.00元

华中出版
本书若有印装质量问题，请向出版社营销中心调换
全国免费服务热线：400-6679-118　竭诚为您服务